AF558825

НЕ
ТУ
ПИ

ДЖЕН СИНСЕРО

* Тайная мудрость, которая гласит: только тот, кто ежедневно работает над собой, живет жизнью мечты

Москва 2024

УДК 159.92
ББК 88.53
С38

Jen Sincero
YOU ARE A BADASS EVERY DAY: How to Keep Your Motivation Strong, Your Vibe High, and Your Quest for Transformation Unstoppable

Синсеро, Джен.

С38 НЕ ТУПИ. Только тот, кто ежедневно работает над собой, живет жизнью мечты / Джен Синсеро ; [перевод с английского В. Наумовой]. — Москва : Эксмо, 2024. — 208 с. — (Книги, которые нужно прочитать до 35 лет).

ISBN 978-5-04-110057-5

Эта книга — ваш личный тренер. Каждый день она будет поднимать боевой дух и заряжать на успех. Ее автор, знаменитая Джен Синсеро, призывает не сбавлять обороты на пути к успеху и ежедневно накачивать «мышцы крутости» в Духовном тренажерном зале. «Успех — это способ существования, постоянной адаптации и роста. Чем больше вы делаете для своего успеха, тем легче становится путь», — раздается боевой клич Синсеро.

«НЕ ТУПИ» — это книга-тренинг с упражнениями и техниками для ежедневной работы над собой. С ее помощью вы повысите уровень энергии и сохраните осознанность и мотивацию даже в самые трудные времена.

УДК 159.92
ББК 88.53

ISBN 978-5-04-110057-5

Тебе, о великий и чудесный badass.*
Спасибо за то, что ты такой, какой есть.

---

* Badass — слово, которое крайне сложно перевести с английского, сохранив авторское значение. Ближе всего к нему обращение «сукин сын», когда с его помощью выражают восхищение: «Ай да Пушкин, ай да сукин сын!» Джен Синсеро использует это слово в названиях своих книг: «You are a badass» и «You are a badass at making money». Тем самым она делает комплимент читателю. Называет его badass, что в максимально близком переводе означает: крутой засранец.

Введение

Бывало ли такое, что, читая книгу, вы неожиданно понимали: она написана именно для вас? Или, слушая речь, чувствовали, как буквально не можете усидеть на месте от желания действовать? Или, общаясь с умным, масштабно мыслящим человеком, ощущали, что готовы совершить невозможное?

Тогда вы, должно быть, уже в курсе, насколько сила вдохновения способна быстро изменить вашу реальность. Насколько легко осознать масштаб собственных возможностей. И как это осознание порой одурманивает ваш разум.

А еще, полагаю, вы в курсе, как несложно скатиться в жизнь по инерции. Начать сомневаться во всем подряд: в себе, своей цели и необходимости ее достижения!

Иногда для этого нам достаточно каких-то пары часов. Или даже пары минут. Вы только что покинули вдохновляющий семинар, горя желанием порвать на части этот мир... Только что отложили в сторону вдохновляющую книгу... Только что послали куда подальше токсичных друзей... Казалось бы, радуйтесь! Гордитесь собой! Но нет! Вас одолевают сомнения: туда ли я иду, того ли я хочу, имею ли я право идти и хотеть именно этого?

И вот уже занавес нынешней «реальности» постепенно заслоняет величие, которое только что лежало перед вами, подобно живописной долине. Не успели оглянуться, как все привычные оправдания вернулись на свои места и распластали свои тяжелые туши прямо на пути ваших надежд и мечтаний.

Но иногда в порыве одержимости вы принимаете решение сохранить полученный импульс и делаете все возможное, чтобы по-настоящему изменить свою жизнь. С этого момента привычные оправдания начинают казаться неловкими, постыдными и бессмысленными. Им больше не удается прикрывать ваше бездействие.

У каждого человека на этой планете есть выбор: сдаться или упрямо топать к успеху. Важно понять, что причина успеха — в чем бы он не выражался — всегда одна. Она сводится к решению продолжать идти, пока цель не будет достигнута. Все.

Любой может прийти в восторг от внезапно возникшей идеи. Загореться, начать всем о ней рассказывать, расписать на бумаге, как будет завоевывать с ее помощью мир... Но воплощать эту идею в жизнь на протяжении долгих месяцев, а иногда и лет — совсем другая история.

Успех требует решимости, мотивации, сосредоточенности, целеустремленности и смелости. Ему необходимо, чтобы вы постоянно прокачивали эти «мышцы», а каждую новую проблему встречали словами: «Пошла прочь, убогая!»

Ментальное пространство, где следует укреплять эти «мышцы крутости», я люблю называть *Духовным тренажерным залом*. По мере того как мы продвигаемся по извилистой дороге к своей сокровенной цели, было бы неплохо выработать некий режим тренировок, чтобы сохранить мотивацию.

Без тренировок мышцы сами себя
не накачают.

Поэтому надо непоколебимо верить в почти невозможное и четко концентрироваться на своей цели.

Вам же не придет в голову, например, после долгого приведения в порядок своей фигуры сказать: «Отличненько, это было здорово, а теперь всего хорошего!» Может быть, и придет, но вряд ли вы сможете убедить себя, что поступаете правильно. Подозреваю, каждому из нас очевидно: хочешь красивое тело — ходи в спортзал регулярно. То же самое и с установками в голове: хочешь сохранять целеустремленность и мотивацию — вытаскивай себя на прогулку за пределами зоны комфорта. Не время от времени, а всегда. Сегодня, завтра, послезавтра, каждый день.

Посещение *Духовного тренажерного зала* включает в себя комбинацию любых из следующих действий:

- **Изучайте книги по самопомощи. Выявляйте ограничивающие установки и убеждения. Работайте над преодолением своих блоков. Делайте это, даже если придется каждое утро твердить, глядя в зеркало: «Ты — удивительный человек!» И еще постоянно петь дифирамбы своей неординарной личности. Это обязательно. Нужно быть готовым сделать все что потребуется, независимо от того, насколько мучительным это окажется для вашей психики.**
- **Медитируйте.**
- **Слушайте выступления мотивационных ораторов.**
- **Ведите дневник.**
- **Составляйте списки благодарности, с помощью которых вы со слезами на глазах будете осознавать, насколько чудесна ваша жизнь.**
- **Читайте биографии людей, которые вас чертовски вдохновляют.**
- **Выполняйте физические упражнения.**
- **Слушайте музыку, из-за которой вы чувствуете себя непобедимым гигантом радости, силы и решимости.**
- **Повторяйте аффирмации[1] снова и снова, пока они не станут для вас непреложной истиной.**

---

[1] Аффирмация (от *лат.* affirmatio — подтверждение) — краткая фраза, которая при многократном повторении закрепляет требуемый образ или установку в подсознании человека.

- **Сделайте карту желаний и смотрите на нее. Постоянно.**
- **Занимайтесь саморазвитием.**
- **Дышите медленно и осознанно, глубоко вдыхая все хорошее и полностью выдыхая все плохое.**
- **Занимайтесь растяжкой.**
- **Напишите манифест своей новой жизни и опишите себя до мелочей. Подробно и тщательно. До тех пор, пока не сможете прочувствовать свои слова, попробовать их на вкус, овладеть ими. И вскоре вы начнете задыхаться от ощущения счастья и благодарности.**

Успех не статичен, у него нет финиша.

Нельзя прийти к успеху, открыть банку пива и на этом закончить движение вперед.

Успех — это способ существования, постоянной адаптации и роста.

Чем больше вы делаете для своего успеха,
тем легче становится путь.

Если хотите не только *стать* успешным человеком, но и *оставаться* им — придется постоянно тренироваться в *Духовном тренажерном зале.* С особым усердием подходить к каждой тренировке, пока прогрызаете себе путь к конкретной цели.

Итак, прежде чем вы прочтете эту книгу, составьте план духовной зарядки. Определите, какие практики заставляют вас чувствовать себя так, словно вы можете сделать жим лежа, держа гориллу в руках. Внедрите их в свою жизнь. Превратите в неотъемлемую часть каждого дня, без исключений.

Ответьте себе на вопросы:

- **Какую песню или плей-лист вы будете слушать каждый день?**
- **Какие книги будете читать каждое утро, и в каком объеме?**
- **Будете ли медитировать? Сколько и где?**

Обойдитесь без импровизации.

Определите порядок действий, которого вы могли бы придерживаться без необходимости постоянно переворачивать весь дом в поисках леггинсов. В смысле, все, что нужно для регулярных занятий, всегда должно лежать на своем месте.

Рекомендую проводить короткие тренировки, чтобы не перегружать себя. В идеале нужно первый раз потратить на них от пятнадцати до тридцати минут с утра.

Эта книга создана для того, чтобы стать дополнением к вашим тренировкам в *Духовном тренажерном зале*. Я не стану углубляться в объяснения, в чем смысл тех или иных концепций, как делала это в других своих книгах. К тому же, если вы их читали, то и без объяснений схватите суть. Главное понимать — это нужно делать. Как нужно заниматься бегом, качать пресс и приседать.

Здесь вы встретите простые подсказки, которые помогут упорядочить ваши тренировки и сделать их максимально целенаправленными. Считайте чтение этой книги уколом стимулятора из всех мотивационных лекарств, что когда-либо существовали на свете. Или своим личным тренером. Или супергеройской таблеткой. А еще лучше — ракетными соплами, способными поднять вас над землей, подобно персонажам фантастических фильмов.

Эта книга предназначена не для того, чтобы водрузить на ваши плечи еще больше работы, а для того, чтобы упростить уже имеющуюся.

Моя задача — придать ей определенный вектор, позволяя вам быстрее сменить угол обзора. Другими словами, с помощью проверенных мною медитаций и аффирмаций в нужный момент она будет отвешивать вам дружеский мотивационный шлепок. Добродушно, но настойчиво похлопывать вас по плечу: пора приступать к работе над собой, дружище!

Читайте по одной странице в день. Или просто открывайте книгу в любом месте, когда вам понадобится энергетическая подпитка, и смотрите, что из этого выйдет.

Также я бы посоветовала вести дневник во время чтения, чтобы было куда записывать приходящие в голову идеи. Или выполнять задания. Впрочем, вы можете делать это прямо в книге. В ней есть специально отведенные для записей страницы.

Если какое-то из упражнений работает особенно хорошо, продолжайте делать его, пока не почувствуете, что пора перейти к следующему. Так же поступите и с аффирмациями. Читайте, анализируйте, применяйте на практике. И начинайте уже жить той жизнью, которую вы хотите и которую заслуживаете! Каждый чертов день!

Меня всегда удивляет, когда люди говорят: «Я не творческий человек». Да ну! Вы уверены? Может, вам просто внушали это с детства? Или вы сами, потерпев незначительное поражение на ниве творчества, убедили себя, что «просто не дано».

По моему глубокому убеждению, нетворческих людей не существует. Каждый человек — творец. Творец по праву своего рождения в этом мире.

Вы творите мысли и взаимоотношения, создаете себе проблемы, решения, предложения, маршруты до работы, жизненные истины, а иногда, возможно, и сэндвичи с авокадо.

- **Вы художник, и ваше произведение искусства — сама ваша жизнь.**
- **Ваш мир — это холст.**
- **Ваши желания и идеи — наброски.**
- **Ваши мысли, слова и отношение ко внешнему миру — краски.**
- **Ваше тело — кисть.**
- **Ваши действия — мазки.**

- **Ваши убеждения — это навыки, которые вы используете, чтобы наносить краску.**
- **Ваша вера и чувство благодарности определяют, насколько необычно ваше произведение искусства.**

Если ваша картина получается не такой, как хотелось бы ее видеть, — выясните, в какой части процесса вам не удается достичь нужного мастерства, а затем измените подход.

Вы предпринимаете смелые, умные действия, но постоянно ноете о том, как все сложно?

Сосредоточены на своих желаниях, но тащите с собой глубоко укоренившиеся страхи, что не сможете получить то, чего вы хотите?

Любые мысль, чувство и действие — все это в ваших силах изменить.

Вы сами создаете свою реальность.

Это же так круто! Используйте свое воображение, следуйте за тем, что вам кажется правильным, играйте, подталкивайте себя вперед, дайте себе волю…

И получайте удовольствие от принятия новых волнительных решений, которые приносят красоту в этот мир.

Повторяю, вы сами создаете свою реальность.

Уверенность в своих силах — это не то, что вам только предстоит приобрести, она уже внутри вас.

Уверенность в себе — это вы сами.

Когда вы только родились, вы были полны уверенности и уважения к себе. Вначале вы полностью принимали себя. Вы думали: «Я — классный».

И только потом ваши представления переросли в: «Я — лузер, потому что ничего в этой жизни не могу сделать правильно».

Любые сомнения, суждения или страхи, которые вы испытываете по отношению к себе, были усвоены с течением времени — это не истина, это обыкновенные ментальные конструкции.

Вы совершенны именно такой, как есть.

Закройте свои прекрасные глаза.

Вдохните воздух в прекрасное тело.

Очистите прекрасный разум.

Почувствуйте жизненную силу, коей сами являетесь.

Упивайтесь этой уникальной сущностью, ведь это есть вы и только вы.

Из всех миллиардов людей, приходящих и уходящих с течением времени, вы были, есть и будете одним-единственным таким человеком.

Это стоит ценить.

Это стоит отметить.

Это стоит любить.

Если побежите прочь от своих страхов — они последуют за вами. Если рванете прямо им навстречу — они тут же уберутся с вашего пути.

Страхи ненавидят, когда люди так делают.

Оправдание — это просто очередная сложная задача, которая, по вашему собственному решению, возымела над вами власть.

Если вы *серьезно* настроены изменить свою жизнь, — то найдете способ преодолеть любые препятствия.

Если вы *вроде как серьезно* настроены изменить свою жизнь, — то найдете оправдание.

Другими словами, оправдания — это «фальшивка».

«Меня уволили не потому, что я не справляюсь с обязанностями, а потому, что мой босс — болван!»

Кроме того, оправдания помогают избежать встречи лицом к лицу со страхами и не дают нам открыться неизвестным возможностям. А эти возможности возникнут только тогда, когда мы забудем все свои оправдания.

Вот что значит находиться в зоне комфорта в самых разных ситуациях — от «ничего особенного» до «полного отстоя». Просто потому, что так «удобнее», чем блуждать по незнакомой территории.

Пожалуйста, не тратьте впустую свой единственный шанс быть тем, кем вы на самом деле являетесь, обманывая себя оправданиями. У вас есть силы создать все, что вы только пожелаете.

Я ЗАСЛУЖИВАЮ
ТОГО, ЧТОБЫ В МОЕЙ
ЖИЗНИ ПРОИСХОДИЛИ
ХОРОШИЕ ВЕЩИ,

И ЖДУ ИХ
С РАСПРОСТЕРТЫМИ
ОБЪЯТИЯМИ.

Все, что мы повторяем, становится нашей «реальностью». Это утверждение касается всего, что регулярно попадается нам на глаза, приходит в голову, того, что мы читаем, слушаем, обсуждаем, говорим самим себе.

Концепция «повторение творит реальность» является причиной, по которой многократное проговаривание аффирмаций настолько эффективно. То же самое происходит, когда вы снова и снова просматриваете карту желаний.

Поэтому так важно общаться с крутыми людьми, которые рассказывают, как достичь того, чего достигли они.

Поэтому благодарность настолько преображает человека.

Поэтому люди по всему дому расклеивают стикеры со словами «Я особенный», «Я любим», «Я заслуживаю всего самого лучшего»... А потом в панике бегают из одной комнаты в другую и отрывают их, сообразив, что друзья уже на пороге.

Выловите из своего сознания все навязчивые мысли, которые проносятся через него, словно кто-то нажал кнопку повтора. А теперь обновите те из них, что не поддерживают вас на выбранном пути.

Обратите внимание на то, что вылетает из вашего рта, когда вы общаетесь со своими коллегами. Имейте в виду, речь не о крошках сэндвича. Речь о мыслях, возникающих в вашем сознании, когда вы заглядываете в зеркало, пролистываете сайт знакомств или смотрите телевизор. Как вы себя чувствуете, когда читаете книги, газеты, слушаете подкасты, общаетесь с людьми?

Составьте список из пяти убеждений/жалоб/действий/обстановок, которые постоянно вам мешают, а затем запишите ряд способов, которые могли бы помочь вам в немедленном решении сложившихся проблем.

Есть одна чудесная история о женщине, которая каждый день ходит за водой к ручью. Она проделывает путь в несколько километров. Наполняет два глиняных кувшина и несет их домой на коромысле. Каждый раз один кувшин оказывается полупустым, а другой остается полным.

Полупустой кувшин грустит и чувствует себя неудачником, потому что в нем есть трещина. Он постоянно ругает себя за то, что впустую тратит воду, иными словами плохо выполняет свою работу. Ах, он не так эффективен, как «коллега» без трещины. И постоянно твердит женщине, что ему стыдно за свою никчемность.

Но женщина с ним не согласна. Она считает, что этот кувшин делает мир чуть-чуть лучше. С одной стороны тропинки, ведущей к ручью, растут красивые цветы. И все благодаря той воде, которая просачивается через трещину в кувшине. Женщине эти цветы приносят много радости. Они наполняют ее ежедневный путь яркими красками и ароматами, привлекают птиц и пчел.

Наша реальность — отражение нашего восприятия.

Вы сами решаете, как оценивать свои «недостатки» — как удары по вашей личности или как свою уникальную, удивительную особенность.

Ищите красоту во всем, что касается вас, вместо того чтобы ругать и клеймить себя, потому что вы не похожи на всех остальных.

Любовь к себе делает жизненный путь гораздо радостнее.

Однако невозможно знать наверняка, какое счастье поджидает вас за пеленой временных неудач. Вполне возможно, вы создадите нечто гораздо более прекрасное, чем то, что намеревались создать. И никто никогда бы даже не узнал о вашем существовании, если бы вы не «облажались».

Мы должны быть в курсе того, что пишут и показывают в новостях.

Но нам, людям с неравнодушными сердцами, бывает сложно сохранять позитивный настрой и оставаться продуктивными перед лицом всех этих ужасных вещей, что происходят в мире. Будьте внимательны к новостям, но не портите себе настроение таким большим количеством информации, которая удручает настолько, что порой вы не можете сдержать слезы.

Выясните, где находится ваш личный предел. Т.е. когда вы чувствуете, что простое получение информации грозит перерасти в полнейший ступор из-за чувства безысходности.

. . . .

Сосредоточьтесь на том, что поднимает вас вверх и заряжает энергией.

. . . .

Направьте свой гнев в правильное русло и начните действовать. Ну, а печаль трансформируйте во внимание к людям, о которых вы можете позаботиться любыми доступными способами.

Сделайте так, чтобы состояние шока зарядило вас энергией, и смело вступайте в ряды местных активистов.

Мы все здесь для того, чтобы сделать этот мир лучше, но никому не принесем пользы, в том числе и самим себе, если будем парализованы горем. Представьте себе те масштабные изменения к лучшему, которые могли бы произойти в нашем мире, если бы каждый божий день все мы делали хотя бы чуть-чуть для того, чтобы исправить ситуацию.

Чем больше вы сосредотачиваетесь на положительных вещах, а не на негативных, тем больше энергии у вас появится для того, чтобы помочь другим.

И вы принесете свет туда, где остро в этом нуждаются.

Дыхание является одним из самых расслабляющих занятий, которое, ко всему прочему, помогает концентрировать внимание.

Выделите несколько минут в своем графике, остановитесь, отключите сознание и глубоко дышите. Тем самым вы создадите вокруг себя пространство, в котором сможете сосредоточиться, соединиться со Вселенской энергией и задействовать самую мощную часть своего Я.

Чтобы хорошенько вдохнуть, есть один прием. Представьте, что «нюхаете розу». Вдыхая ее аромат, вы до предела наполняете им легкие. Выдыхаете. Затем закрываете глаза, концентрируясь на текущем моменте, наслаждаетесь дыханием и полностью расслабляетесь.

Не забывайте почаще останавливаться и наслаждаться ароматом розы.

ВАШЕ ПРЕДНАЗНАЧЕНИЕ —
БЫТЬ САМИМ СОБОЙ.
ДЛЯ ЭТОГО НЕТ
НЕПРАВИЛЬНЫХ ПУТЕЙ.

И ЕСЛИ ВЫ ПОПЫТАЕТЕСЬ

СТАТЬ КЕМ-ТО ДРУГИМ —

НЕ СТАНЕТЕ.

НЕ ПОЛУЧИТСЯ.

Вселенная просит оказать ей честь и принять ее предложение закружиться в вихре космического танца. Забыть о времени, жить моментом, ощущать безграничность своих возможностей, смотреть вперед, отдаваясь бешенному азарту до самой последней клеточки. Только так и стоит жить — растворяясь в ритмах межгалактических мелодий.

Что вы принесете с собой на вечеринку: кучу старых, унылых историй или туфли для танцев?

Помните, что маленькие задачи, которые вы ставите перед собой, имеют гораздо большее значение, чем кажется.

Их смысл не только в том, чтобы выполнять нужные действия здесь и сейчас.

Неважно, насколько невелика задача. Но раз она направлена на достижение поставленной цели, то однозначно способствует вашему прогрессу, поэтому к ней нужно относиться, как к чему-то важному.

Если вы, например, изучаете французский язык и на днях приняли решение запоминать каждый день два новых слова — вперед. Только подумайте о том, сколько слов получится за пару месяцев!

В следующий раз может неожиданно нагрянуть лень. Возникнет ощущение, будто у вас слишком много дел, чтобы заняться еще и задачей X. Но имейте в виду, что все эти мелочи имеют очень большое значение.

При помощи следующей аффирмации вы сможете сфокусироваться на цели. «Этот момент — неотъемлемая часть той жизни, которую создаю. То, что я решаю сделать в этот самый момент, определяет, какое место я занимаю в мире. Посвящаю всего себя созданию удивительной жизни, поэтому воспринимаю этот момент всерьез, черт возьми! С нетерпением жду, когда со мной случится что-то умопомрачительное».

Непреодолимые желания, отвлекающие факторы, дурацкие идеи — все это в действительности лишь мимолетные и ничтожные вспышки.

Они быстро пролетают сквозь наше сознание, хотя порой мы полностью отдаемся их власти. Как противостоять соблазнам и не сбиваться с пути к успеху? Для этого нужно обратить внимание на один факт.

Деструктивные порывы мимолетны и ничтожны, навязчивостью обладает желание их удовлетворить. Например, когда у вас возникнет искушение выкурить сигарету — имейте в виду, что это желание на самом деле не продолжительно во времени. И не надо, дорогие курильщики, снисходительно ухмыляться. Ваша физиология подвластна силе мысли. Сконцентрируйтесь и в течение минуты представляйте то, что способно заместить негативный мотив. Например, думайте, как очищаются ваши легкие. Они очень благодарны вам за то, что вы смогли сдержаться. Раз от раза подменяйте желание подымить оздоравливающей визуализацией. Введите это в привычку. При должном уровне упорства вы научитесь контролировать порыв, который совсем недавно казался непобедимым.

В другой раз вы садитесь за работу и тут внезапно вспоминаете, что утром забыли проверить почту. Вам хочется все забросить и заглянуть в свой ящик. Не поддавайтесь. Отвлеките себя полезным процессом. Желание покинет вашу голову так же быстро, как появилось. А удовольствие от того, что вам удалось сфокусироваться на полезном деле, будет гораздо сильнее, чем от просмотра содержимого почтового ящика.

Вечером вы готовитесь к занятию пилатесом[1]. И вдруг вспоминаете, что сегодня открывается новый бар за углом. Вытесните мысли о нем, представляя, как ваша фигура приобретает соблазнительные очертания. Талия становится тонкой, живот плоским, ягодицы набирают упругость. Или можно представлять чисто физическое удовольствие, которое приносят вам нагрузки. Ощутите, как кровь быстрее бежит по жилам, как мышцы приходят в тонус, дыхание ускоряется. Вам хорошо. Вы отдаетесь спорту на сто процентов. Вы радуетесь тому, что становитесь сильнее и здоровее с каждым днем. Разве все это может сравниться с радостью от пары бокальчиков?

Деструктивные мысли, порывы и идеи завладевают нами лишь тогда, когда мы это позволяем.

Если вы убеждаете себя, что зависимы от своих желаний и порывов, — помните, дисциплинированность — это всего лишь вопрос выжидания и смещения фокуса.

---

[1] Пила́тес — система физических упражнений (фитнеса), разработанная Йозефом Пилатесом в начале XX века для реабилитации людей после травм.

Негативные порывы — это не какой-то зверь, которого нельзя приручить.

Сами по себе они не имеют воли, не определяют ваши действия. Их определяете вы. Иными словами, не вам «дико захотелось курить», а вы выбираете — идти в курилку или поработать над своим здоровьем. Не вами «завладел ночной жор», а вы не захотели переключиться на вечернюю медитацию или приятное чтение.

Очень трудно жить, когда постоянно подводишь себя и чувствуешь бессилие перед отвлекающими факторами и вредными стремлениями.

А ведь на самом деле подождать немного и перенаправить свое внимание на достижение успеха — довольно просто.

МЫ ТЩАТЕЛЬНО ОБЕРЕГАЕМ
СВОИ ОПРАВДАНИЯ,
ПОТОМУ ЧТО ОНИ

ОСВОБОЖДАЮТ НАС
ОТ ОТВЕТСТВЕННОСТИ
ЗА СВОЮ ЖИЗНЬ.

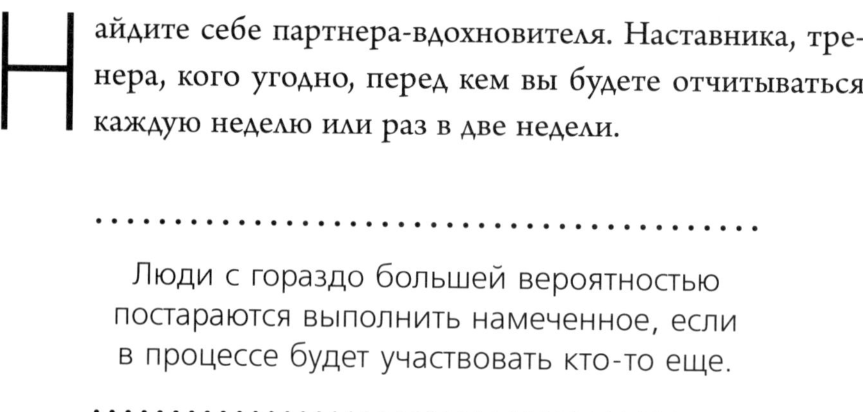

Найдите себе партнера-вдохновителя. Наставника, тренера, кого угодно, перед кем вы будете отчитываться каждую неделю или раз в две недели.

Люди с гораздо большей вероятностью постараются выполнить намеченное, если в процессе будет участвовать кто-то еще.

Вот для чего они заводят тренеров по личностному росту и вступают в учебные группы. Да, они могут добиваться своих целей самостоятельно, но мотив не выглядеть слабаком в глазах окружающих с большей вероятностью не даст свернуть с выбранного пути.

Подходом «раздели с другими свою ношу» удается достичь гораздо больших результатов, работая в команде с потрясающими людьми.

В любой момент времени вас окружает бесчисленное множество прекрасных вещей, людей, явлений. Вы обращали внимание, как чудесно переливается графин с водой в лучах утреннего солнца? А какая красивая улыбка у коллеги из соседнего отдела? А как смешно похрапывает во сне ваша собака? А какой волшебный вкус у подаренного бог знает кем зеленого чая?

Все эти повседневные вещи могут вызывать благоговение, чувство благодарности, желание дергать окружающих за рукав и пищать от восторга. По сути, это контейнеры с энергией, подталкивающей вас к выбранной цели, наполняющей вас счастьем, радостью, восторгом. Вернее, они могут таковыми стать.

Все, что вам нужно сделать, — не забывать обращать внимание на приятные пустяки.

ВЫ

ПРЕКРАСНЫ!

Вопреки распространенному мнению не так важно знать, к чему вы стремитесь, как понимать, что дает вам возможность хорошо себя чувствовать. Мы склонны придавать большее значение логическому мышлению, составлению списков и планов, в которых все этапы завязаны друг на друга.

Все это, конечно, важно, но мы часто упускаем из виду то, что приносит нам счастье. Или просто удовольствие.

Мы часто выстраиваем свою жизнь от головы, игнорируя потребности сердца.

Человеческое общество так долго превозносило достижения разума, что мы в конце концов утратили связь с интуитивной частью своей личности. Разучились доверять ей.

Начинайте отслеживать, как влияют на вас те или иные люди, мысли, места, идеи, вещи, песни, мероприятия, еда, одежда. Какое настроение с ними связано.

Представьте, что из вашей головы убрали мозг и для принятия повседневных решений у вас остались только чувства.

- **Никакого логического мышления.**
- **Никаких воспоминаний о том, как обстоят дела и чем они могут обернуться.**
- **Никаких страхов, что вы будете выглядеть идиотом.**
- **Никаких опасений, что потерпите фиаско.**

Попробуйте провести целый день, обращая внимание только на чувства. Исключительно на чувства. Максимально опустошите свой разум. И по итогу запишите, что для вас изменилось. Фиксируйте любые внутренние трансформации.

Дисклеймер[1]: Да, нам всем приходится делать то, что не нравится. Например, по часу висеть на горячей линии налоговой службы или переносить операцию на коленной чашечке. Однако я имею в виду укрепление мышцы, которая соединяет вас с вашим внутренним компасом и позволяет как можно больше решений в своей жизни принимать под воздействием позитивных чувств.

---

[1] Дисклеймер — письменный отказ от ответственности.

Черт возьми, просто сделай это!

Сегодня выпейте в два раза больше воды, чем обычно.

Потребление воды — это нечто очень простое, полезное и важное. Но, в то же время, иногда оно может действовать на нервы, потому что, чем больше пьешь, тем чаще бегаешь в туалет.

Но тело у вас всего одно, и большая его часть состоит из воды.

Таким образом, чем лучше вы заботитесь о своем теле, тем больше у вас будет энергии. А ее для изменения жизни потребуется приличное количество. Поэтому питье воды, как мне кажется, — вполне разумный совет.

Установите таймер, который будет срабатывать каждый час, напоминая вам, что пришло время для нового стаканчика.

Если вы привыкнете поддерживать гидробаланс в своем организме, преимущества намного перевесят неудобства.

ВАША «РЕАЛЬНОСТЬ»
СОСТОИТ ИЗ КРОХОТНЫХ
КУСОЧКОВ
ПОВСЕДНЕВНОЙ ЖИЗНИ,

СЛОВНО ПИКСЕЛЬНАЯ КАРТИНКА ИЗ МНОЖЕСТВА ТОЧЕК.

Вы почувствовали разочарование или расстроились из-за чего-то?

Не забывайте, что ваша реакция — это не истинное суждение об источнике отрицательных эмоций.

Это просто ваши чувства.

Например, вас обидела соседка с нижнего этажа. Непрозрачно намекнула на невоспитанность вашего ребенка. Или вас задело замечание коллеги насчет вашего внешнего вида. Или босс заставил вас нервничать, сообщив, что к вам есть вопросы у клиентов. Помните, все негативные эмоции, заполнившие вас по самую макушку, не имеют объективных причин. Все причины обитают исключительно в вашей голове. Соседка становится вредной, если вы ей приписываете эти качества. Слова коллеги задевают — если вы принимаете их на свой счет. Вызов босса волнует — если вы решаете волноваться. Все причины волнений и переживаний не существуют отдельно от вас. Вы сами их порождаете.

Все, что вам нужно сделать, это изменить восприятие. И тогда вы окажетесь свободны от массы неприятных переживаний.

Однажды я разговаривала с парнем, который был одержим мыслью, что гигантские куски космического мусора могут в любую минуту врезаться в Землю. Кроме того, у него вызывали крайнее отвращение рестораны: «Невозможно знать наверняка, чьи волосы попадут в твою еду».

Как-то раз я встретила этого персонажа в аэропорту и всю дорогу до дома наблюдала за его бледным лицом. «Как можно настолько слепо доверять всем этим водителям? — шептал он. — Ты же понятия не имеешь, что они могут выкинуть в любой момент!»

Мы и называли его Фобом. Иногда, ради забавы, делали глоток из его стакана с газировкой, чтобы посмотреть, как он начнет притворяться, что больше не хочет пить. Но, посвоему, парень был прав.

В этом мире существует бесчисленное множество причин для волнений. Их настолько много, что само желание выбираться утром из постели выглядит жуткой самонадеянностью. Но есть и бесконечное количество вещей, которые по-настоящему поднимают настроение.

Ваша реальность зависит от того, на чем вы решили сконцентрировать свое внимание.

Если вы хотите жить счастливой жизнью, старайтесь тщательно выбирать то, на что реагируете.

Я рассказываю о своем друге и его навязчивых идеях лишь потому, что все мы немного фобы. У всех нас свои страхи и ограничивающие убеждения, за которые мы цепляемся. Нам они могут казаться вполне реальными, но окружающие, вероятно, посчитают их раздутыми. Я знаю, на самом деле Фоб немного притворяется.

Подумайте об этом. Например, когда вы наблюдаете за тем, как ваш замечательный друг боится расстаться со своей ненадежной и свободолюбивой девушкой. Им владеет страх, что он навеки останется один. Но вы-то понимаете, что этот страх не особо обоснован.

Привязанность к страхам, сомнениям и беспокойствам не защищает вас от самой причины возникновения этих чувств.

Зато она заставляет пережить наихудший сценарий еще до того, как он воплотится в жизнь. Давайте на чистоту, обычно наши страхи, сомнения и тревоги так и остаются в нашей голове.

Так стоит ли бить себя камнем по голове каждый день, чтобы приготовиться к тому, что на тебя что-то свалится с неба?

Наслаждайтесь настоящим моментом. Не стоит тратить его впустую, пытаясь предсказать будущие неприятности, которые могут и вовсе не произойти. Сосредоточьтесь на том, что заряжает вас энергией и толкает вперед. Игнорируйте то, что делает вас параноиком, пугает и заставляет наносить невообразимое количество дезинфицирующего средства для рук на кожу.

Если на вашу голову свалится гигантский кусок космического мусора, если ваш бизнес пойдет под откос, если вам разобьют сердце — так тому и быть.

БЕСПОКОЙСТВО

ЗАСТАВЛЯЕТ

Переживать страдание дважды.

Закройте на пару минут глаза.

Представьте, что вокруг кипит ваша новая жизнь, на достижении которой вы сейчас сосредоточены. Обратите внимание на детали окружающей обстановки, сфокусируйтесь на своих ощущениях. Посмотрите, как вы себя ведете, как одеваетесь, о чем думаете, чем занимаетесь.

Теперь откройте глаза и продолжайте жить в настоящем так, будто уже достигли успеха, будто вы уже тот человек, которым хотите стать.

Уже сейчас позаимствуйте самоощущение у себя будущего, который достиг суперкрутой цели.

Действуйте так, словно ваша новая жизнь уже наступила. Это одно из самых мощных «упражнений», потому что, сопоставляя свою энергию с энергией новой реальности, вы открываете разум для поиска пути, который приведет вас к цели.

Вспомните фразу, с помощью которой вы обычно жалуетесь на жизнь. Вспомнили? Теперь выверните ее наизнанку и сделайте своей любимой аффирмацией.

Например: «Я не могу себе этого позволить» *превращается в* «Деньги любят меня настолько, что сами бросаются на меня».

«Я устал» *становится* «Я рад наступлению нового дня, и эта радость дает мне энергию».

«Я ненавижу свою работу» *меняется на* «Я благодарен своей работе за то, что она стала ступенькой на моем пути к удивительной жизни, а также за то, что она учит меня терпению».

Запишите получившуюся аффирмацию на бумаге, расклейте ее по всему дому, прилепите ее на приборную панель своего автомобиля, вышейте на диванной подушке.

Проговаривайте ее каждый раз, когда ловите себя на том, что к вашим губам подступает та самая, некогда любимая жалоба.

Фраза-жалоба:

Новая аффирмация:

Твердо решив изменить свою жизнь, вы принимаете на себя обязательство испытывать дискомфорт снова и снова.

Подружитесь с неизведанным, рискованным, с тем, чего вы *не* хотите.

....

Дискомфорт означает, что вы почти у цели.

....

НЕТ НИЧЕГО РИСКОВАННЕЕ,

ЧЕМ СОВСЕМ ОТКАЗАТЬСЯ ОТ РИСКА.

Начните воспринимать свои провалы и временные неудачи как отправные точки.
Вместо того чтобы:

- **позволять неудачам, которые случаются в вашей жизни, уничтожить вас чувством разочарования,**
- **пытаться избавиться от напоминаний о них любыми возможными способами (включая нездоровые и даже деструктивные методы),**
- **называть себя неудачником, который ни с чем не может справиться...**

Остановитесь на минутку и осмыслите суть своего поражения — поучитесь у него, проявите любопытство. И если это будет уместно, просто удивитесь, насколько это был грандиозный провал! А затем тщательно, вдумчиво и не без чувства юмора постройте новый, гораздо более удачный путь к вершине. Вам так повезло, что у вас есть возможность начать с чистого листа.

И совсем нечего терять. Потому что все самое ужасное уже произошло. Отправная точка достигнута. Вы в начале пути.

Вступаясь за самого себя, вы наделяете каждого человека возможностью вырасти, подобно себе.

ПРОВОДИТЕ СВОИ ДНИ

ПОД РУКОВОДСТВОМ ПОЗИТИВНЫХ ЧУВСТВ.

Каждый раз, прежде чем сесть за работу над преображением своей жизни, потратьте несколько минут, чтобы избавиться от отвлекающих факторов.

Выключите телефон и интернет, удалите из рабочего пространства книги или журналы, которые не имеют отношения к текущей задаче, подоприте закрытую дверь мебелью, чтобы дети вдруг не забежали...

Временно устранить из окружающего пространства то, что сбивает вас с пути, — такой простой и такой ценный подарок, который можно сделать самому себе.

Особенно сейчас, когда жизнь перегружена информационными помехами, мы пытаемся выполнять свою работу, буквально находясь в центре цифрового апокалипсиса. В мире вездесущих гаджетов тишина становится ценнейшим ресурсом. Именно она позволяет настроиться на успех. Потратьте несколько минут на ее создание.

Сделайте сегодня то, о чем вы говорили всю свою жизнь:

- **купите новый матрас и избавьтесь от старого, который впивается пружинами в вашу спину;**
- **запишитесь на уроки танго;**
- **позвоните своему другу, с которым вы долго не могли договориться о встрече, и пригласите его в гости;**
- **приберитесь в кладовке;**
- **забронируйте поездку в Южную Африку;**
- **бросьте курить, подайте на развод, пошлите к чертовой матери тех, кто отравляет вам жизнь;**
- **заведите щенка.**

Чем скорее вы измените свою жизнь к лучшему, тем дольше вы сможете прожить с этими удивительными изменениями.

Прекратите валять дурака и просто сделайте это.

Прямо сейчас.

ВСЕЛЕННАЯ

НА МОЕЙ СТОРОНЕ.

ВСЕ, ЧТО МНЕ НУЖНО
ДЛЯ ИСПОЛНЕНИЯ ЖЕЛАНИЙ,
ПОЯВЛЯЕТСЯ В МОЕЙ ЖИЗНИ
ПРЯМО СЕЙЧАС.

«Момент озарения» — это, конечно, хорошо, а «новый образ жизни с полным осознанием происходящего» — еще лучше.

В следующий раз, когда у вас возникнет сногсшибательная вспышка озарения, запишите ее суть. А затем копните глубже и как можно точнее определите детали всех изменений.

Запишите, как вы себя при этом чувствуете, а также все подробности того, что поменялось в вашем образе мышления, убеждениях и подходе к жизни. Это займет целых пять минут, зато может изменить вашу реальность. Так что не упустите этот шанс!

Перечитывайте и в прямом смысле впитывайте все подробности момента озарения каждый день после того, как он с вами случится. Также я рекомендую придумать ритуал, во время которого вы, по сути, будете снова и снова повторять момент озарения, чтобы он стал частью вас.

Если хотите, чтобы все работало, как хорошо отлаженный механизм, чтобы полученный эффект закрепился, — вам придется потратить какое-то время на то, чтобы буквально встроить новый ритуал, ритуал для вызова озарения, в свою личность.

Иначе он вылетит из вашей головы так же быстро, как и влетел.

Сядьте в тихом месте в удобной позе.

Представьте, что ваш мозг — это плотно сжатый кулак. Теперь напрягите все мышцы лица, шеи, плеч, живота, ягодиц. Продержитесь так в течение пяти секунд. Затем расслабьте воображаемый кулак, представляя, как расслабляется ваш мозг — как он ослабевает и передает успокаивающую энергию, начиная с головы и до самых кончиков пальцев.

Сосредоточьтесь на дыхании, на воздухе, который входит и выходит из ваших легких. Обратите внимание на тяжесть всего тела, которое соединяется с нашей дорогой старушкой Землей.

Почувствуйте покалывание энергии и представьте, как она соединяет вас со всем, что есть во Вселенной. Моросящим дождем, далекими планетами, блестящими идеями, людьми, надеждами, мечтами, собаками, лошадьми, волнением, мандаринами, растениями, смехом, слезами... Бесконечным морем любви, которая течет сквозь всех нас.

В этом и есть все мы.

Вы — Вселенская энергия!

Вы — любовь!

Вы реально круты!

КОГДА ДЕЛО ДОХОДИТ

ДО ДЕЙСТВИТЕЛЬНО

ВАЖНЫХ ДЛЯ

ВАС ВЕЩЕЙ,

ЗАЧЕМ СОГЛАШАТЬСЯ
НА НЕЧТО ПОСРЕДСТВЕННОЕ,
КОГДА ВЫ МОЖЕТЕ
ВЫБРАТЬ ЧТО-ТО
СОВЕРШЕННО СКАЗОЧНОЕ?

В этом вся суть стресса. Вы рискуете утратить чувство юмора, способность менять свою точку зрения и веру в собственные силы. А ради чего? Ради того, чтобы справиться со сложной жизненной ситуацией, о которой вы, вероятно, даже не вспомните в не столь далеком будущем.

Не бывает стрессовых ситуаций. Бывают только стрессовые способы их восприятия.

И к счастью для вас, вы контролируете свои мысли. В следующий раз, когда столкнетесь со сложной ситуацией, остановитесь ненадолго... И отнеситесь к ней со всем присущим вам любопытством и юмором.

Осознайте, что все пройдет, и это — тоже.

Вы ничего не добьетесь, если просто будете сходить с ума.

Сознательным усилием исключите следующие негативные фразы из своего словаря.

Я хочу.

Я должен.

Я желаю.

Я не могу.

Я пытаюсь.

Я не знаю.

Сделайте осознанное усилие и сегодня же наполните свой словарный запас следующими высокочастотными фразами.

Я выбираю.

Я могу.

Мне нравится.

Я создаю.

Я люблю.

Я зажигаю.

Ответы уже в пути.

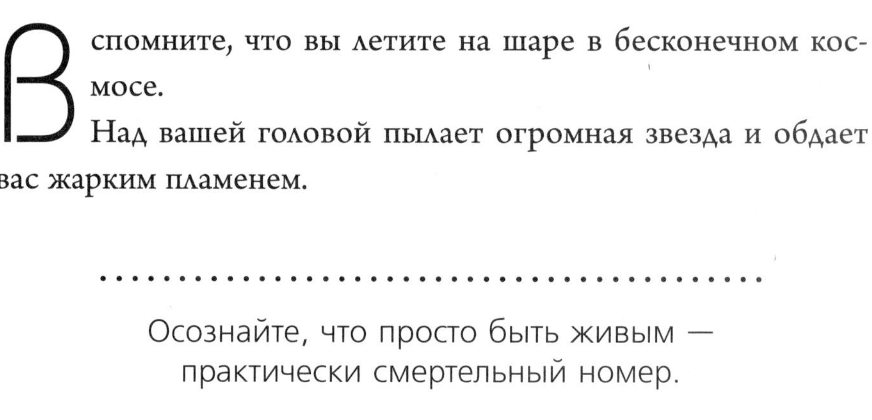

Вспомните, что вы летите на шаре в бесконечном космосе.

Над вашей головой пылает огромная звезда и обдает вас жарким пламенем.

Осознайте, что просто быть живым — практически смертельный номер.

Тогда сама мысль о том, чтобы постоянно осторожничать, покажется смехотворной и бессмысленной. Прислушайтесь к голосу сердца, возьмите свою неуверенность за рога и направьте этого свирепствующего зверя на путь своих самых смелых мечтаний.

 так рад и благодарен за то, что я ____________________

____

Заполните пробел понравившимся словом или фразой. Например:

- **«мультимиллионер»,**
- **«состою в любящих и прочных отношениях»,**
- **«вешу свои идеальные 65 килограммов»,**
- **«здоров как бык»,**
- **«счастливая мама для двух замечательных детей»,**
- **«ясно представляю свои следующие шаги»,**
- **«чемпион мира по игре на банджо»...**

Повторяйте эти слова весь день напролет.
Прочувствуйте их.
Поверьте в них.
Сделайте их своими.
Станьте ими.

ПОДДАВАЯСЬ СТРАХУ,
ВЫ НАЧИНАЕТЕ ДУМАТЬ,

ЧТО МОЖЕТЕ ПРЕДСКАЗАТЬ,

ЧТО СЛУЧИТСЯ ДАЛЬШЕ.

Практика постановки намерения — простая, но в то же время очень полезная привычка. Она поможет оставаться на верном пути и в целом жить более радостной жизнью. Намерения позволяют проводить свой день в соответствии с четко очерченными целями вместо того, чтобы просто плыть по течению.

Постановка намерения тренирует мозг.

Она позволяет оставаться в более осознанном состоянии и присутствовать в настоящем моменте, вместо того чтобы блуждать в пространстве в режиме автопилота.

Вот несколько примеров ежедневных намерений:

- **Сегодня я ничего не собираюсь принимать близко к сердцу, особенно то, что говорит мой бывший муж.**
- **Сегодня я намерен говорить о людях только приятное, в том числе и о себе.**

- **Сегодня у меня будет три новых клиента.**
- **Сегодня я намерен есть только здоровую пищу.**
- **Сегодня я намерен с удовольствием оплатить свои счета.**
- **Сегодня я намерен весь день сидеть с прямой спиной.**
- **Сегодня я намерен сделать что-то, что напугает меня до чертиков и подтолкнет к достижению своей финансовой цели.**

Мне нравится это упражнение, потому что оно помогает каждый раз сосредотачиваться только на одном дне и избегать перегруженности.

За один день можно сделать все, что угодно.

Кроме того, можно сформулировать намерение до определенного момента, чтобы оставаться бодрым и использовать всю свою великую силу сознательного выбора.

Например:

- **Перед тем, как войти в комнату, полную людей: «Я намереваюсь вести себя непринужденно, присутствовать в моменте и пользоваться телефоном ровно *ноль* раз».**
- **Перед поездкой в супермаркет: «Я намереваюсь ощутить небывалую радость от вождения машины, за которой последует радость от покупки еды».**
- **Перед тренировкой: «Я намереваюсь ощущать каждую клеточку своего тела и благодарить его за все, что оно делает для меня».**
- **Перед поездкой в гости к ворчливому родственнику: «Я намереваюсь посочувствовать дядюшке, у которого постоянно болит бедро».**

- **Перед тем как откусить кусочек бутерброда с жареным сыром: «Я намереваюсь смаковать этот кусочек, ощущая каждый нюанс его сырного великолепия, пока из моих глаз не хлынут слезы радости».**

Намерения обладают необыкновенной силой. При этом они чрезвычайно просты, поскольку разбивают задачи на небольшие кусочки. Они помогают нам сосредоточиться и проявить себя как можно лучше.

И, знаете ли, отчасти приносят радость.

В течение жизни среднестатистический человек тратит огромное количество времени на размышления.

О том, что окружающие его люди глупы и жестоки, насколько неправильной жизнью они живут.

А еще о том, насколько умен он сам.

Потом среднестатистический человек тратит уйму времени на разговоры с друзьями.

О том, насколько люди глупы и жестоки, насколько неправильной жизнью они живут.

И конечно, о том, насколько умен он сам.

Это так... мне вообще нужно об этом говорить?

Время — ограниченный ресурс. Вы находитесь на задании, осознаете ценность каждой секунды. Ни одна из этих секунд не должна быть потрачена на дерьмовые начинания, например, на нытье.

Если кто-то выводит вас из себя до такой степени, что вам трудно выкинуть этого человека из головы, — воспринимайте этот факт как возможность погрузиться в более глубокие духовные практики. Понаблюдайте за его поведением, помня о том, что все мы люди, все за что-то боремся, чувствуем боль. И все мы стараемся выразить себя своим собственным уникальным способом.

Помните, что зачастую вы и понятия не имеете, с чем приходится сталкиваться окружающим.

Может быть, человек ведет себя так агрессивно, потому что его супруга только что потребовала развод, тем самым разбив ему сердце.

Может быть, он едет как сумасшедший, потому что торопится довезти своего ребенка до больницы.

Может быть, он ведет себя так неадекватно, потому что недавно у него обнаружили опухоль.

Мысленно давая человеку шанс оправдаться, вы научитесь не принимать чужие слова близко к сердцу. Это даст вам возможность сосредоточиться на более важных аспектах своей жизни, а не на людях, на которых вы злитесь.

Вы не обязаны любить всех и даже проявлять легкую симпатию. Но если вы настоящий задира, то должны уметь подниматься выше всего этого. Найти в себе сострадание — один из самых эффективных способов достичь духовности.

Моменты между сном и пробуждением — самое мощное время. Время, когда вы можете наладить контакт с интуицией, со своей подругой Вселенной и осознать безграничность собственных сил, которые пытаются достучаться до вас сквозь невзгоды повседневности.

Проснувшись поутру, пожалуйста,
не хватайтесь за телефон, компьютер
или список дел.

Насладитесь этим прекрасным моментом, полежите хотя бы 10 минут. Ощутите, что вы — многомерное духовное существо, способное преодолеть любые ограничения своего сознания.

ЕСЛИ СТРЯХНУТЬ

С СЕБЯ РАЗДРАЖЕНИЕ

НЕ ПОЛУЧАЕТСЯ —

ПРЕДСТАВЬТЕ, ЧТО У ВАШЕГО ОБИДЧИКА НА ГОЛОВЕ БЛИН ВМЕСТО ШЛЯПЫ.

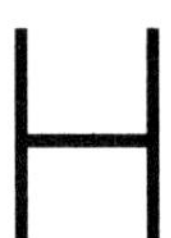

апишите пять достижений, которыми вы гордитесь:

- **Пять достоинств вашей личности, которые нравятся вам больше всего.**
- **Пять причин, по которым вы любите свое тело.**
- **И пять преимуществ того образа жизни, которые вы создали на сегодняшний день.**

Перечитывайте этот список снова и снова в течение всего дня.

Запишите убеждения, которые успели измениться, или любые другие инсайты.

ТО, НАСКОЛЬКО ВЫ РЕШИТЕЛЬНЫ,

ОПРЕДЕЛЯЕТ, НАСКОЛЬКО ВЫ В ИТОГЕ БУДЕТЕ УСПЕШНЫ.

Найдите человека, который преуспел в том, к чему вы стремитесь, и выясните, как он этого добился. Исследуйте его прошлое, попросите выступить в качестве вашего консультанта, пригласите на ланч и обратитесь к нему за советом.

Нет никакой необходимости изобретать велосипед.

Те люди, которые уже прошли по этому пути, могут сэкономить вам безумное количество времени, денег и душевных сил, поделившись тем, что они за все то время узнали.

Окружите себя живыми доказательствами того, что все возможно в этой жизни.

Так вы сохраните отличное расположение духа и начнете добиваться желаемого ради самого себя.

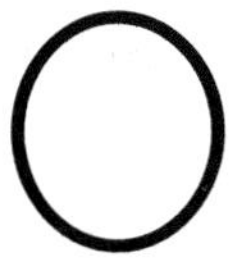боняние, как никакое другое из чувств, может очаровать и захватить нас.

Запахи мгновенно вызывают различные эмоции.

Они:

- **Успокаивают, очищают разум и помогают сосредоточиться.**
- **Мотивируют на новые свершения, исцеляют, восстанавливают душевное равновесие.**
- **Заставляют нас отправиться в путешествие во времени: «В этом обувном магазине пахнет точь-в-точь как в столовой начальной школы, в которой я когда-то учился!»**

Сегодня уделите особое внимание запахам.

Проходя мимо клумбы, остановитесь и вдохните аромат роз. Купите мешочек лаванды, несколько пузырьков эфирных масел или букет цветов.

Насладитесь невероятным, а зачастую совершенно забытым миром ароматов, пока не почувствуете счастье и благодарность.

ПОБАЛУЙТЕ СЕБЯ СЕГОДНЯ

ЧЕМ-ТО ОСОБЕННЫМ.

Я знаю, что одна из главных моих задач — научиться терпению. Хотя бы немного.

Вселенная всегда дает нам именно то, что нам нужно. Поэтому сейчас я живу в историческом городке, полном пожилых людей, которые ни в какую не хотят сдавать свои водительские права.

Еще там постоянно теряются туристы, скорость на каждом перекрестке ограничена, а вишенкой на торте является бесконечный лабиринт узких, запутанных улиц.

На днях я, торопясь в поликлинику, застряла позади водителя, который вел себя на дороге очень растерянно — хотя, возможно, он попросту хотел помочь мне вырасти в духовном плане. Мне пришлось вытерпеть не одну, а целых три его попытки совершить маневр. Он хотел повернуть налево и затем развернуться, но у него это никак не получалось.

В гневе я закричала: «Господи, как же я тебя ненавижу!»

Но сразу же пробормотала: «Ну вот, опять то же самое».

Для того чтобы изменить неправильную модель поведения, полезно для начала понять, что именно вызывает у вас раздражение.

А потом всякий раз ловить себя при появлении этого чувства. В тот момент, когда вы осознаете, что вот-вот сорветесь, — прервите процесс, сказав себе: «Ну вот, опять то же самое».

Затем сделайте паузу, взгляните на себя и выберите более разумную реакцию на происходящее.

Итак, я стояла на перекрестке в ожидании четвертого эпизода сериала «Когда же он наконец-то повернет?» Уже было начала представлять, как проведу остаток дня, не убирая рук с клаксона и выкрикивая непристойности...

Но вдруг откинулась назад, опустила окно и посмотрела на цветы, растущие рядом с дорогой.

Самое удивительное во всей этой истории — я пришла на прием к врачу аж за две минуты до назначенного времени.

Подумайте о том, какие ситуации или люди, как правило, заставляют вас проявлять не самые лучшие черты характера.

Вот вы начинаете ворчать, сплетничать, извиняться без необходимости, нарушать диету, ныть и жаловаться, оправдываться, плохо говорить о себе или о других людях, устраивать истерику, перебарщивать с текилой... Но, как только поймете, где находятся ваши опасные зоны, сможете научиться их избегать, прежде чем сделать что-то, о чем вы потом пожалеете.

Истинная сила заключается в том, чтобы думать именно то, что вы хотите думать.

Совершенно независимо от того, как, по-вашему, выглядит окружающая действительность, что говорят другие люди и насколько невозможными кажутся ваши идеи, помните одну вещь. Ваше сознание — это универсальный проводник. Он поможет преодолеть все препятствия и сомнения, которые находятся на пути между тем, где вы находитесь сейчас, и тем, куда направляетесь.

Мыслите смело, мыслите по-крупному, мыслите отважно и верьте в волшебство.

НЕВОЗМОЖНО ОДНОВРЕМЕННО ЦЕПЛЯТЬСЯ ЗА ПРОШЛОЕ

И НАСЛАЖДАТЬСЯ ТЕКУЩИМ МОМЕНТОМ.

Проводите время с людьми, которые зажигают вас и помогают расти.

Это обязательное требование для любого успешного человека. Кроме того, настоящие везунчики отказываются делиться своим бесценным временем на Земле с токсичными людьми или энергетическими вампирами, которые не приносят ничего на ваш праздник жизни. Разве что ведро дерьма.

Если в вашем окружении есть человек, который негативно влияет на всех, примите смелое решение и разорвите с ним всякие контакты. Или максимально ограничьте общение, если работаете или живете с ним под одной крышей.

Не делитесь с таким человеком своими надеждами и мечтами. Делайте вид, что вы заняты, каждый раз, когда он захочет пообщаться. Подолгу отвечайте на его сообщения и электронные письма и, в конечном итоге, вовсе перестаньте это делать. Вычеркните его из своей жизни. Если он не поймет намек, то придется ему объяснить, что вы хотите ограничить общение и двигаться дальше.

Расставаться с людьми не так уж и весело. Но есть в этой бочке дегтя и ложка меда — разговор обычно проходит очень быстро. Две минуты боли ради целой жизни, наполненной свободой и счастьем. Я знаю, что причинять людям боль — плохая затея.

> Однако важно рассматривать расставание с токсичным человеком как проявление доброты к самому себе, а не желание кого-то обидеть.

Вспомните наконец, что вы — взрослый человек.

И навеки прощаясь с токсичными людьми, вы не только избавляетесь от наводящей тоску перспективы иметь с ними дело, но и делаете им одолжение.

Встаньте.

Вытяните руки вверх.

Обхватите левое запястье ладонью правой руки и потянитесь в противоположную сторону, а затем проделайте то же самое с другой рукой.

Наклонитесь и дотянитесь до пальцев ног.

Медленно выпрямитесь.

Опустите руки вдоль тела.

Закройте глаза.

Дышите.

Глубоко.

Пять раз.

Подумайте о том, насколько вы привлекательны и как сильно любите своих близких.

Повторяйте это упражнение в течение всего дня.

Позвоните другу или знакомому и скажите, что любите его.

Именно позвоните. Не отправляйте вместо этого сообщение. Не стоит придавать этому поступку слишком большое значение. Просто позвоните и скажите, что думаете о нем, любите его, и просто хотите, чтобы он об этом знал.

И все.

Вы — волшебное существо, которое живет в волшебной Вселенной.

Оставайтесь со мной на этой волне. Я знаю, это звучит так, будто мы мчимся по улице Единорогов. Но это действительно важно. На минуту отвлекитесь от повседневной жизни, вспомните, что вы — духовное существо, которое обладает энергией бесконечной Вселенной.

И тогда вам внезапно перестанет доставлять беспокойство то, что:

- **вы так и не поступили в медицинский вуз;**
- **ваш зад слишком большой;**
- **фотография, на которой вы в слишком коротком топике играете в теннис, вот-вот появится в интернете.**

Верьте в Высшую силу!

Если желать чего-то всей душой.

Если выстраивать свои мысли, слова и действия в соответствии с этим желанием.

То тогда можно с полным правом стремиться к его исполнению.

Нет нужды прятать голову в песок при виде всего, что вызывает страх. Думать, что мечта слишком велика, слишком неосуществима или слишком амбициозна.

Вы — существо без границ.

Широко распахните свой разум возможностям и нырните с головой в свою жизнь.

УСПЕХ = ВАШИ МЕЧТЫ + СТРАХ

+ ЖЕЛАНИЕ СДЕЛАТЬ ЭТО

НЕСМОТРЯ НИ НА ЧТО.

Сегодня установите зрительный контакт с максимально большим количеством людей и обратите внимание на цвет их глаз.

Улыбнитесь незнакомцам.

Если вы сегодня в особенно дерзком настроении, поговорите с ними.

Обращайте внимание на возникающие чувства и мысли. Запишите все, что вы почерпнете из этого опыта. Что вам захочется сделать одной из привычек в своей новой, счастливой и более осознанной жизни?

У меня есть подруга, которая большую часть своей взрослой жизни не состояла в отношениях.

Долгие годы девушка безуспешно пыталась найти мужчину своей мечты.

- **Она сходила на 4910 свиданий с интернет-знакомыми.**
- **Ее друзья и родственники организовали для нее бесчисленное количество встреч.**
- **Она медитировала.**
- **Вела дневник.**
- **Составляла карты желаний.**
- **Делала восковую эпиляцию ног.**
- **Флиртовала.**
- **Вступала в разные клубы по интересам...**

Иногда у нее что-то наклевывалось, а иногда она переставала верить в то, что когда-нибудь найдет настоящую любовь.

Но, в конце концов, девушка встретила одного парня — на вечеринке друзей. Теперь счастлива замужем и даже не вспоминает о том, как выглядела ее прежняя, одинокая жизнь. И еще у нее замечательный ребенок.

Когда мы достигаем своих целей — они становятся нашей новой нормой.

Привыкнув к своей нынешней жизни, мы забываем, насколько великолепно то, чего мы достигли.

Выделите минутку и подумайте обо всех вещах, которые когда-то казались невозможными и далекими, а теперь стали привычными.

Может быть, вам казалось, что вы никогда не похудеете, а теперь стройная фигурка — это то, что каждый день отражается в зеркале.

Возможно, было время, когда вы считали каждую копейку, переходили с хлеба на воду и не знали, как добраться до работы — ведь в кармане не было ни копейки. А теперь деньги льются рекой, и вы редко о них задумываетесь.

Проанализируйте новые стандарты вашей жизни. Найдите время и копните действительно глубоко. Затем составьте список из своих достижений и воспринимайте их как чудеса, которыми они и вправду являются.

Если вы смогли добиться этого, то сможете все что угодно.

Сегодня приложите осознанные усилия и старайтесь оставаться в текущем моменте. Делайте все возможное при выполнении каждой поставленной задачи.

Если вы моете посуду, обратите внимание на шум воды. Прислушайтесь к звуку, который получается, когда вы сжимаете и разжимаете губку. Проследите, чтобы даже самый маленький предмет посуды был идеально чистым.

Если ваша подруга заводит бесконечный рассказ о том, что ей приснилось прошлой ночью, — слушайте внимательно. Будьте полностью открыты и присутствуйте в моменте. Узнайте, что происходит в ее жизни, и вы удивитесь тому, насколько поразительные картины рисует ее подсознание. Станьте лучшим другом, которого у нее никогда не было.

Если вы занимаетесь в тренажерном зале, максимально пребывайте в собственном теле. Осознайте, насколько чудесно то, что ваши колени и локти сгибаются, мышцы напрягаются и наливаются силой. Смелее! Подтолкните себя чуть дальше своих привычных ограничений.

Пусть это будет ваш самый целеустремленный день на Земле. Добейтесь превосходства в каждой сфере жизни — от общения с супругом до ведения бизнеса. Станьте лучшим отправителем писем из всех, кто когда-либо входил в почтовое отделение.

Запишите конкретные действия или мысли, которые оказали огромное влияние на ваши сегодняшние результаты. Постарайтесь повторять их до тех пор, пока они не войдут в привычку.

Придумайте место, которое олицетворяло бы ваше убежище.

Может быть, вы сидите у ручья в красивом лесу.

Лежите посреди цветочного поля, наблюдая за тем, как над вашей головой медленно проплывают облака.

В обнимку с родственной душой смотрите на пустыню в полнолуние.

А может, сидите на холодной металлической скамейке, поедая хот-дог на матче по реслингу.

Найдите удобное, тихое место, сядьте, закройте глаза и вызовите в своем сознании образ убежища.

Погрузитесь в визуализацию. Почувствуйте, как по коже пробегает легкий ветерок из вашего воображаемого мира.

Сосредоточьтесь на звуках природы. Постарайтесь полностью присутствовать в воображаемой картине.

Всякий раз, когда посторонние мысли будут пытаться ворваться в ваше сознание, приложите усилие и сосредоточьтесь на этом безмолвном образе. Установите связь со всеми чувствами и энергией, возникающей от пребывания в вашем любимом месте.

Выполняйте эту медитацию как можно чаще — не менее десяти минут.

Я ОТПУСКАЮ СОЖАЛЕНИЕ,

СТЫД И ВИНУ.

И ПРИНИМАЮ АБСУРДНОЕ
ВЕЛИКОЛЕПИЕ ШУТКИ, ЧТО
СЫГРАЛ С НАМИ КОСМОС,
ПОД НАЗВАНИЕМ ЖИЗНЬ.

Ожидая момента, когда:

- **вы поймете наверняка, что именно нужно делать,**
- **все обстоятельства сложатся как надо,**
- **у вас появится куча лишних денег...**

Вы рискуете очнуться в 97 лет, доставая вставную челюсть из стакана. При этом гадая: что, черт побери, произошло с вашей жизнью, которой вы когда-то так наслаждались.

Прокрастинация[1] — это обыкновенный страх в виде тормозов. Но страх вам не указ.

---

[1] Прокрастинáция — склонность к постоянному откладыванию даже важных и срочных дел, приводящая к жизненным проблемам и болезненным психологическим эффектам.

Начните!

Прямо!

Сейчас!

И вот вам совет: начните с малого.

Разделите задачу на дружелюбные маленькие детские шажки вместо того, чтобы пытаться сделать все одним пугающим рывком. Особенно если вот уже некоторое время вас преследует то, что вы благополучно откладывали.

Например, если вам никак не удается найти время для медитации, каждый день в течение семи минут сидите в тишине, затем спустя несколько дней увеличьте время до восьми минут, потом до девяти... И тогда вы встанете на правильный путь.

Если вы пишете книгу, сядьте за стол, предварительно отключив телефон, интернет, поставив вооруженную охрану у своей двери, и не вставайте, пока не напишете один идеальный абзац.

В следующий раз, когда вы возьметесь за работу, напишите два таких абзаца, затем увеличьте их количество до трех, четырех — и вот вы снова на верном пути.

Мотивация, целеустремленность, сосредоточенность — все это мышцы, которые, как и любая другая мышца, требуют постоянного укрепления.

Если слишком резво прыгнете с места в карьер, то рискуете повредить себе что-нибудь, и тогда будете вынуждены проходить мимо того самого спортзала.

Если вы будете накачивать свою мускулатуру медленно и последовательно, то не только избавите себя от лишней боли, но и почти сразу начнете замечать изменения. И ничего на свете так не мотивирует тренироваться снова и снова, как видимые результаты.

Вы не получаете желаемых результатов.

Вместо того чтобы еще сильнее давить на себя, подумайте, что можно сделать иначе. Можете ли вы переключить свое внимание с одной задачи на другую?

Я знаю кое-кого, чей бизнес застопорился после многих лет устойчивого роста. Этот человек работал изо всех сил, но ничего не менялось. Наконец, он понял причину. Так как бизнес успешно развивается, его список дел становится настолько большим, что не остается времени на продажи. А это то, чем он всегда любил заниматься.

Бизнесмен делегировал своим работникам почти все, что не имело отношения к продажам. Когда он вернулся к своему любимому занятию, бизнес снова начал набирать обороты.

Может, подойти к ситуации с иной стороны, и даже повести себя так, будто вы — совершенно другой человек?

Например, если вы ищете себе пару и уже успели наткнуться на целый выводок пустышек, попробуйте сходить на свидание с тем, кто с виду «совсем не в вашем вкусе».

В состоянии ли вы изменить свое отношение? Копните чуть глубже. Может, обнаружатся какие-нибудь скрытые сомнения, страхи, беспокойства, раздражающие факторы, возникающие из-за вашей нетерпеливости. Затем переверните эту картину вверх ногами.

А как насчет того, чтобы пойти на еще больший риск? Попросить кого-нибудь помочь вам увидеть то, что сами вы, возможно, упускаете из виду?

Можете ли вы сделать что-то настолько неожиданное, что удивило бы даже вас самих?

Садитесь в машину, поезжайте куда-нибудь в глушь, закройте окна и кричите во все горло.

Установите таймер и делайте это целых три минуты — настолько громко и сильно, насколько сможете. Без остановки, с пылом и самоотверженностью человека, у которого случился пожар. В прямом и переносном смысле.

Если у вас нет машины, найдите самую большую и плотную подушку в мире, которая хорошо поглощает звук, и кричите в нее.

Когда закончите, сядьте поудобнее, подышите, расслабьтесь и почувствуйте, насколько это было потрясающе.

Делайте так как можно чаще.

У вас внутри уже есть все, что поможет исполнить любые мечты.

Само желание зарождается там же, откуда исходит его физическое проявление. Одно не может существовать без другого, они — единое целое. Верьте в истинность того, что мысли и их вещественное исполнение — это одно и то же.

Да, верьте! Почему бы и нет, черт возьми? Что вам терять?

Радуйтесь этому осознанию, продолжайте думать о нем и жить своей жизнью, зная, что все, чего вы хотите, находится прямо здесь, уже сейчас.

Перспективы, блестящие идеи, новая машина, человек, с которым вы хотели бы пообщаться, деньги — все это уже существует в сознании Вселенной. И уже на пути к вам в физическом эквиваленте.

Ваша задача состоит в том, чтобы изменить любые негативные убеждения, которые мешают вам расти.

Нужно вывести мысли и энергию на один уровень со своей новой «реальностью» и без капли страха предпринять решительные действия, чтобы физическое проявление ваших желаний неслось сломя голову в ваши любящие объятия.

Другими словами, вы должны свернуть со своего проторенного пути.

Следующая аффирмация поможет мыслить и действовать по-новому и получить все, что нужно:

Я целостен. Я наполнен. Все, чего я желаю, у меня уже есть.

ВЫ ОТЛИЧНО

СПРАВЛЯЕТЕСЬ.

Сегодня каждый раз, когда вам на ум будут приходить мысли о том, что вы что-то хотите получить, — обращайте этот импульс вспять и смещайте фокус на отдачу.

Например, у вас закончилась зубная паста. Вместо того чтобы сосредоточиться на ее приобретении, подумайте о том, что вы помогаете аптекарю вести свой бизнес.

Улыбнитесь сотрудникам аптеки и поблагодарите Вселенную, что у вас есть деньги, физическая возможность и транспорт, чтобы отправиться в это стоматологическое приключение.

Задумайтесь о том, что, покупая зубную пасту, вы выражаете любовь к своим зубам, чего они, несомненно, заслуживают.

Думайте в таком ключе весь день. Обратите внимание на то, как эта небольшая практика изменит ваш уровень энергии, фокус внимания и результаты.

Когда-нибудь замечали, что, отдыхая в новом месте, вы более открыты?

Общаетесь с большим количеством людей, обращаете внимание на мелочи, чувствуете себя бодрее, ждете неожиданностей, охотнее исследуете мир, получаете удовольствие, едите больше продуктов, на которые раньше вы бы даже не посмотрели.

Когда мы отправляемся в приключение, время и пространство приобретают совершенно иные, более яркие качества, нежели в повседневной жизни — когда занимаемся рутинными делами. Словно вы наносите особенный парфюм для путешествий, который меняет вашу реальность.

Сегодня нанесите на себя этот парфюм
и станьте гостем в своей собственной стране.

Относитесь ко всему, что вас окружает, как к чему-то совершенно новому:

- **Сойдите с проторенной дорожки.**
- **Отправьтесь на работу другим маршрутом.**
- **Наденьте шляпу, если вы ее никогда не носили.**
- **Поболтайте с незнакомыми людьми, если обычно вы оставляете свое мнение при себе.**
- **Сходите в другой супермаркет.**
- **Поужинайте в новом ресторане.**
- **Засните на другой стороне кровати.**
- **Отправьтесь в путешествие в незнакомое место.**

Разнообразьте свой день! Запишите все удивительные наблюдения и приятные неожиданности, которые вы бы хотели сделать частью своей повседневной жизни.

ЧЕМ ЧАЩЕ ВЫ БУДЕТЕ

МЫСЛЕННО ПУСКАТЬ КОРНИ

В СВОЕЙ НОВОЙ РЕАЛЬНОСТИ,

ТЕМ БЫСТРЕЕ ОНА ОБРЕТЕТ
ФОРМУ В ФИЗИЧЕСКОМ
МИРЕ.

Закройте глаза и вообразите себя самого, живущего в идеальной реальности.

Соберите как можно больше деталей этого прекрасного пазла. Когда почувствуете шквал радости и волнения, пронизывающий насквозь, — обратите внимание, в какой части тела вы это ощущаете. В груди? Животе? Голове?

Если никаких чувств поначалу не возникает — продолжайте визуализировать свой идеальный мир, полный радости. Сосредоточьтесь на подробностях — пока не добьетесь эмоциональной и физической реакции.

Определив, в какой части тела у вас возникло покалывание от волнения и предвкушения, держите руку на этом месте до конца сегодняшнего дня и вызывайте в воображении это чувство.

Сегодня наложите мораторий на жалобы.

Поймав себя на том, что начинаете злиться, сделайте паузу.

Подышите немного и постарайтесь извлечь урок из происходящего. Или проанализируйте, за что вам стоит быть благодарным из того, что в данный момент кажется неприятным.

Внимательно следите за этим весь день и замечайте:

- **Насколько легко вам удается вовремя остановиться?**
- **Меняется ли при этом уровень энергии?**
- **Не предпринимаете ли вы попытки перефразировать жалобу?**
- **Не открывает ли такой образ действий новые возможности?**
- **Не возникает ли у вас мысль повторить это упражнение завтра?**

НАША РЕАЛЬНОСТЬ —
ЭТО ВЫДУМКА,

И ВСЕ, ВО ЧТО МЫ СЕБЯ
ЗАСТАВЛЯЕМ ВЕРИТЬ,
МЫ ПЕРЕЖИВАЕМ НАЯВУ.

Когда мне было примерно 20 лет, мы с моим другом Джейсоном поехали в Барселону.

Мы сняли пару комнат в большой квартире, полной очень странных незнакомцев. Здание находилось в старой части города, которая когда-то считалась элитной, а теперь превратилась в район обветшалых, зато богато украшенных многоквартирных домов.

Наш дом отличался гигантскими дырами на фасаде — словно после бомбежки. Толпы наркоманов спали на широких лестничных клетках. Стены были усеяны надписями на испанском языке, призывающими вступить с их автором в разного рода сексуальные связи.

Мы с Джейсоном арендовали соседние комнаты. В каждой из них были высокие потолки, такие же высокие окна, крошечный балкон с видом на улицу и скрипучая, малопригодная для использования, односпальная кровать.

У нас было мало денег, а вещей и того меньше, поэтому каждый понедельник вечером мы ходили на «шопинг» — т. е. копались в сокровищах, которые наши соседи оставляли за дверью, на выброс.

В свои двадцать я пребывала под сказочным влиянием свободы, Барселона была действительно волшебным городом, а гашиш — таким же хорошим, как мы о нем говорили. Как будто все, что нам было по-настоящему нужно, скрывалось под куском ветчины в мусорном ведре. «Смотри, плеер! Он все еще работает!»

Одно из самых дорогих мне воспоминаний. Джейсон открывает тяжелые двери, которые соединяют наши комнаты, и заплывает в новых, сверкающих одеждах из парчи, которые он только что нашел в мусорке. Он часто приносил зеркальный поднос, садился на край дышащей на ладан кровати, подавал мне бокал со сколотым краем — в нем пузырилось дешевое шампанское, и спрашивал: «Что будем отмечать сегодня?»

Потом мы пили и радовались тому, что:

- **утро выдалось чудесное,**
- **мы переехали жить в Испанию,**
- **проститутка в конце коридора, очевидно, переехала в другой «офис», и поэтому характерных звуков ее труда нам больше не слышно,**
- **сегодня понедельник — а значит шоппинг!**
- **Паоло, который еще не знал о моем существовании, вскоре влюбится в меня до безумия.**

С тех пор я стала старше и мудрее. И теперь понимаю, что это были не просто пьяные бредни беззаботной молодежи. Это был благодарный образ мышления.

И он привел к тому, что горячий аргентинский мальчик Паоло, который действительно не знал о моем существовании, внезапно появился из ниоткуда и предложил помощь, когда я отдирала от входной двери табличку «Игры».

Проснувшись утром, решите: что вы будете праздновать сегодня? А еще лучше — запишите. Празднуйте все: хорошее, плохое и еще не случившееся. Главное, чтобы вы по-настоящему испытывали благодарность за все.

Прямо перед тем, как сдаться, мы начинаем искать аргументы.

Доводы в пользу того, чтобы сойти со своего курса или поддаться искушению.

И здесь наступает момент, который мне нравится называть *моментом истины* или *взрыва*. Во время такого *момента* или *взрыва* вся наша безрассудная преданность своим целям, волнения перед новой жизнью, которую мы хотим для себя создать... они либо остаются прежними, либо превращаются в облако дыма.

Я настоятельно рекомендую быть всегда начеку, когда один из таких моментов сверкнет своей сексуальной улыбкой в ваш адрес.

А чтобы не сбиваться с намеченного курса:

- **Положите в бумажник записку с надписью вроде: «У тебя лишь одна жизнь. Твердо придерживайся выбранного пути».**
- **Договоритесь с приятелем созваниваться в экстренные моменты, когда кто-то из вас будет болтаться на краю пропасти с намерением бросить «все это к черту».**
- **Сфотографируйте людей или человека, который верит в вас, и поставьте это фото на заставку телефона.**
- **Носите с собой записку с текстом о том, почему вы так сильно желаете изменить свою жизнь.**
- **Включите свою любимую песню, сделайте круг почета вокруг дома, бейте себя в грудь и произносите: «Нет никого на свете круче меня!»**
- **Заготовьте еще несколько секретных приемов, которые помогут вовремя заглушить внутренний голос, уговаривающий свернуть с пути.**

Я серьезно.

Пожалуйста, сделайте это, потому что доля секунды может сыграть большую роль и не позволить вам сбиться с дороги к лучшей жизни.

ВЫ САМИ МЕНЯЕТЕ

СИТУАЦИЮ К ЛУЧШЕМУ.

Убедитесь, что каждое решение, которое вы принимаете сегодня, служит вашей цели.

«Эй, сэндвич, который я собираюсь съесть, ты соответствуешь моей цели? Да. Я голоден, авокадо полезно для здоровья, оно даст мне энергию. Сэндвич, ты получаешь мое официальное одобрение!»

«Школа. То, что я отвожу к тебе своих детей по утрам — соответствует моей цели? Да. Ведь сразу же после этого я отправлюсь домой и начну работать. То, что они будут весь день заняты тобой, здорово поможет мне сконцентрироваться. Школа, мой респект тебе!»

«Шейла. Сплетничать с тобой в кофейне — это точно то, что соответствует моей цели? Нет. Нет. Нет. Это — низкоуровневая деятельность, которой мы с тобой пытаемся вылечить свою раненую самооценку за счет обесценивания других. Пока-пока, Шейла».

Не забывайте о своей цели
ни на минуту!

Старайтесь направлять все свои мысли, внимание, слова и действия на ее достижение.

Запишите любые инсайты, которые у вас появятся уже сегодня, если вы начнете выполнять это упражнение.

братитесь за поддержкой к своим друзьям. Попросите:

- **Интуицию — вести вас в нужном направлении.**
- **У босса — отгул.**
- **Соседа — убавить громкость.**
- **Своих детей — обнять вас.**
- **Партнера — выслушать.**
- **Сестру — помочь вам.**
- **Вселенную — сотворить чудо.**
- **Парня из гастронома — положить на весы огурец побольше.**

Что бы это ни было, просите о том, чего вы хотите!

Задумайтесь, чего не хватает в вашей жизни, что или кто вас разочаровывает, и напрягите свою мышцу прошения.

Может показаться, что это довольно простая задача. Однако зачастую мы и это отказываемся сделать. А потом обижаемся или впадаем в депрессию, когда окружающим не удается прочитать наши мысли. Или когда Вселенная нам чего-то не дает.

Выражайте свое желание конкретно, ясно, не забывайте благодарить, и вы обязательно получите то, что хотите.

Посмотрите вокруг прямо сейчас. Найдите пять вещей в вашем окружении, которые приносят радость, но на которые вы никогда не обращали особого внимания. То, что цените всегда, — не считается.

Если немного поднапрячься, то можно заметить, насколько ошеломляюще изобильно одаривает вас Вселенная. Выгляните за пределы привычного поля зрения.

Например.

«Славься выключатель на стене, который позволяет мне видеть в темноте!»

«Спасибо нашему району за то, что я чувствую себя в безопасности!»

«Ура! Почту мне приносит хороший, улыбчивый почтальон!»

Выделите пять вещей, наслаждайтесь каждой причиной их любить. А потом замрите в благодатном оцепенении оттого, насколько вы впечатлительный и восторженный человек.

Вы — это все, что приносит вам радость. Освещает путь, будоражит, цепляет внимание, наполняет сердце любовью, заставляет плакать, успокаивает, мобилизует таланты, вдохновляет расти...

Внутри вас есть все, что нужно знать о том, как стать совершенной версией самого себя.

Доверяйте собственным интуиции и счастью больше, чем чему-либо еще на свете.

ВЫ БЛИЖЕ К СВОЕЙ ЦЕЛИ,

ЧЕМ ДУМАЕТЕ.

Несколько месяцев назад мой брат отвез нашу тетю Люси к врачу. От него мы узнали диагноз — болезнь Альцгеймера в начальной стадии. По мере того, как тетя становилась более зрелой — память медленно ускользала сквозь ее пальцы.

Эта болезнь всегда была ее самым большим страхом. Поэтому по дороге домой мой брат, подавленный и напуганный, со слезами на глазах дал ей понять, что мы все готовы ей помочь и пройдем через все это вместе.

«Пройдем вместе через что?» — спросила она.

Я не высмеиваю ситуацию, которая разбивает мое сердце, а радуюсь преимуществам забывчивости, тому, что имеет по-настоящему плохую репутацию в нашей культуре.

Даже тетя Люси, к ее великой чести, будучи в ясном сознании понимает — это истинное благо, потому что забывчивость лишает ее беспокойства о том, что она не в состоянии контролировать.

Вот еще несколько вещей, которые мы не можем контролировать:

- **погода,**
- **смерть,**
- **действия, реакции, мнения и убеждения других людей,**
- **их любовь к каламбурам,**
- **их неспособность увидеть, насколько чудесен мой пес, даже когда он дружелюбно и радостно прыгает на них. (Я знаю, что это раздражает, но то, насколько он невообразимо мил, целиком и полностью затмевает все остальное.)**

Измените то, что вы можете изменить,
примите то, что изменить не в состоянии.

Каждый раз, когда ваше терпение начинает закипать от чего-то раздражающего или тревожного — пожалуйста, тренируйтесь замечать такие моменты — говорите себе: «Я выбираю забыть об этом!»

И двигайтесь дальше.

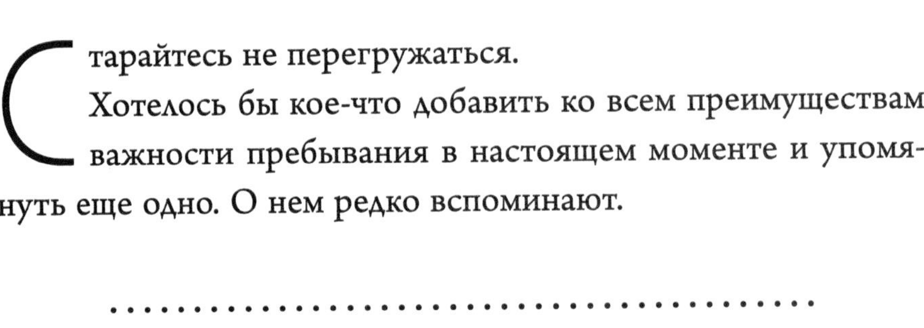

Старайтесь не перегружаться.

Хотелось бы кое-что добавить ко всем преимуществам важности пребывания в настоящем моменте и упомянуть еще одно. О нем редко вспоминают.

Перегрузка вас не затронет, если вы полностью будете находиться в настоящем моменте.

Перегрузка зависит от образа мышления. Плохой выбор — взяться за все сразу и подвергнуть себя стрессу. Вместо этого примите решение наслаждаться каждым моментом своей жизни. Словно вы вытаскиваете из коробки конфеты в форме сердечка и кладете их в рот одну за другой.

Риск перегрузки существует и в будущем: «Мне нужно будет ответить на шесть триллионов электронных писем, забрать семерых детей из школы, испечь черничный пирог, позвонить двадцати двум клиентам и позаботиться о недавно родившей кошке».

Присутствовать в моменте, вдумчиво отвечая на каждое электронное письмо, раскатывая тесто для пирога или убирая за кошкой — каждый из этих моментов представляет собой отдельную задачу, которую сопровождает столько всего, за что стоит быть благодарным. Такие мгновения не имеют ничего общего с той горой безумия, с которой они смешаются в будущем. Так зачем долго думать, прежде чем что-то сделать?

Почему бы не наладить связь с такими моментами, не насладиться ими? И не отнестись к ним как к великим дарам жизни, которыми они и являются?

НЕВОЗМОЖНО НИ О КОМ

ПОЗАБОТИТЬСЯ,

ЕСЛИ СНАЧАЛА НЕ ОКАЗАТЬ

ПОДДЕРЖКУ САМОМУ СЕБЕ.

Если вы хотите достичь нового уровня успеха в любой области своей жизни, то обязательно должны окружить себя людьми с высокой вибрацией. Или, по крайней мере, одним таким человеком, с которым вы смогли бы находиться в постоянном контакте.

Проводите время с людьми, которые напоминают вам, что возможно все.

Общайтесь с теми, кто делится своим ресурсом, а не беспокойствами.

С теми, кто видит ваши сильные стороны, вдохновляет на достижение целей, отмечает успехи, заставляет поднапрячься, помогает и обожает вас.

И не хочет ничего слышать об оправданиях.

По-настоящему крутые люди не существуют в вакууме. Если вы серьезно настроены изменить свою жизнь — соберите свою банду всевозможностей.

Используйте возможность вынужденного простоя для того, чтобы прокачать свой навык медитации. В зале ожидания, самолете или автомобильной пробке — уберите свой мобильный телефон и приступайте.

Вот очень простая медитация, которую вы можете быстро начать и закончить, где бы вы ни находились:

- **Закройте глаза или обратите расфокусированный взгляд на пятно на полу.**
- **Приоткройте рот, чтобы расслабить челюсть.**
- **Сосредоточьте все свое внимание на естественном ритме дыхания, на том, как воздух входит и выходит из вашего тела.**
- **Оставаясь в этом спокойном пространстве, прогоняйте любые мысли, которые приходят вам в голову, и возвращайтесь к дыханию.**

Попробуйте прямо сейчас — установите таймер на пять минут и узнайте, как это работает. Возьмите за привычку делать это упражнение, когда сидите без дела, вместо того чтобы утыкаться в смартфон.

ЧЕМ ЧАЩЕ ВЫ НАХОДИТЕ ВРЕМЯ ДЛЯ МЕДИТАЦИИ И ПОГРУЖЕНИЯ В СЕБЯ,

ТЕМ СПОКОЙНЕЕ

И СЧАСТЛИВЕЕ ВЫ БУДЕТЕ.

Интуиция — это ваш внутренний компас. Это знание, которое превосходит разум. Путеводная звезда, которую совершенно не заботит чужое мнение. Это ваша суть.

Интуиция дана для того, чтобы провести вас по верному пути и дать ответы на волнующие вопросы.

Ну, что на свете может быть важнее, чем потратить время на налаживание связи со своим истинным я?

Вот несколько упражнений, которые помогут укрепить отношения с интуицией, и мне хотелось бы, чтобы вы обязательно их выполнили:

- **Ведите дневник в свободной форме и как можно чаще.**
- **Медитируйте каждый день.**
- **Обращайте пристальное внимание на те вещи, события и людей, которые вас зажигают. Взаимодействуйте с ними.**
- **Прислушивайтесь к себе и старайтесь распознать те моменты, когда вы уговариваете себя сделать то, что вам не подходит, или, наоборот, отговариваете от того, что просто создано для вас.**
- **Будьте всегда начеку — интуиция в любой момент может подарить вам подсказку в виде внезапно возникшей в голове идеи. А также предчувствия, предупреждения, мурашек по коже и т. д. Научитесь их распознавать, вместо того чтобы отмахиваться от них.**

НЕ БОЙТЕСЬ ОСУЖДЕНИЯ.

БОЙТЕСЬ ЖИТЬ ЖИЗНЬЮ,
В КОТОРОЙ ВАШЕ БЕЗУДЕРЖНОЕ,
УДИВИТЕЛЬНОЕ, СТРАННОЕ «Я»
ЗАПЕРТО В КЛЕТКЕ.

Когда вы в следующий раз будете принимать пищу, насладитесь возможностью испытывать это чудо и пережевывайте ее в два раза дольше, чем обычно.

Исследуйте все вкусы один за другим, обратите внимание на слюну и движения языка. Затем отметьте, как еда спускается по пищеводу. Наслаждайтесь всеми питательными веществами, которыми она обеспечивает организм для поддержания вашего дорогого, милого, единственного тела, в котором вы проделываете свой путь с самого первого дня на Земле.

Пошлите Вселенной большое толстое «спасибо» за еду, за свое тело, за свою жизнь.

Мы мыслим образами. Например, если я напишу «большая миска пасты с томатным соусом и бокал красного вина», эти слова тут же всплывут в вашей голове в виде изображения. А если мы с вами похожи, то вы теперь всерьез подумываете о том, чтобы встать и приготовить большую порцию макарон и налить бокальчик-другой красненького.

Что я имею в виду? Образы невероятно мощны, они отлично мотивируют и пробуждают в нас самые сильные чувства. Они даже способны вызвать слюноотделение.

Образы выступают в качестве моста для мыслей и идей, по которому те должны пройти, чтобы материализоваться. Мы практически наблюдаем за тем, как они принимают физическую форму в нашем сознании посредством образов.

Это же так круто!

Я хотела бы, чтобы сегодня, воспользовавшись силой воображения, вы представили себе, как достигаете своей цели.

Полистайте журналы или распечатайте картинки из интернета. Картинки, которые изображают то, что по вашим ощущениям выглядит точно так же, как дом, который вы хотите построить. Бизнес, который хотите открыть. Или опыт, который хотите получить. А затем смотрите на них в течение всего дня.

Прочувствуйте те ощущения, которые вызывают эти изображения, представьте себе, что вы переживаете их, как наяву. Носите эти картинки с собой, пока их физическое проявление не окажется у ваших ног.

Не принимайте чужую негативную энергию близко к сердцу.

Энергия других людей — это просто-напросто энергия других людей. Она не имеет к вам никакого отношения.

Например, ваш друг закатывает истерику из-за того, что его кофе со льдом недостаточно холодный, начинает ныть и причитать, что с ним постоянно такое происходит. Это его выбор — воспринимать случившуюся ситуацию как величайшую несправедливость в истории человечества, и искренне верить, что весь мир восстал против него. Вы не обязаны просить его успокоиться. Пускай он наберется своего собственного опыта.

А вы в это время сосредоточьтесь на других вещах. Например, на том, как вам повезло, что у вас есть губы, которыми вы пьете свой восхитительно прохладный кофе со льдом. Или на том, что, возможно, пришла пора окружать себя людьми, которые не раздувают из мухи слона.

Когда чья-то истерика летит в вашу сторону, словно бейсбольный мяч — бросьте перчатку и покиньте поле.

Пусть тот, кто все это устроил, сам ее и поднимает.

КОГДА ВЫ СМОТРИТЕ
НА СЕБЯ В ЗЕРКАЛО —
ВСЯ ВСЕЛЕННАЯ СМОТРИТ
НА ВАС В ОТВЕТ.

И НЕ ДЛЯ ТОГО, ЧТОБЫ НАПУГАТЬ.

Ниже приведен самый простой путь к изменениям — из всех, что я могла бы предложить:

Визуализируйте любую новую ситуацию, которая будоражит сознание. Смотрите на нее, чувствуйте ее, владейте ею, будьте ею, кричите о ней с горной вершины, берегите этот поток энергии.

Затем...

Сделайте что-нибудь, что приблизит вас к этой новой реальности, которая пугает до чертиков. Реальности, что заставляет чувствовать себя крайне неудобно или выталкивает за пределы того, что вы когда-то считали своими границами.

Повторяйте это упражнение каждый день, и ваша жизнь изменится настолько быстро, что вы даже не поймете, что произошло.

Я притягиваю

. . . . как магнит.

Заполните пробел нужными вам существительными (деньги, мужчин, женщин, счастье, клиентов, блестящие идеи, бесплатную картошку фри и т. д.)

Повторяйте эти слова весь день напролет.

Прочувствуйте их.

Поверьте в них.

Сделайте их своими.

Станьте ими.

ПРОВЕДИТЕ СЕГОДНЯШНИЙ
ДЕНЬ ТАК,

БУДТО ЭТО ВАШ ПОСЛЕДНИЙ
ДЕНЬ НА ЗЕМЛЕ.

Любой из нас может быть гениальным.

А также:

- **скучным и интересным,**
- **работящим и ленивым,**
- **глупым и рассудительным,**
- **щедрым и жадным,**
- **богатым и бедным,**
- **очаровательным и несносным,**
- **успешным и жалким,**
- **крутым и бездарным...**

Чаще ищите удивительное. Скорее забывайте об ужасном.

Помните, что все люди настолько же привлекательны, насколько и несовершенны. Включая вас самих, таких милых и потрясающих.

И тогда будете гораздо счастливее.

Когда не работает интернет или компьютер начинает тупить.

Мы знаем, что тут лучше всего выдернуть вилку из розетки и взять тайм-аут. Когда:

- **вы безуспешно пытаетесь найти финансирование для своего нового бизнеса,**
- **парень, с которым вы только начали встречаться, перестает звонить,**
- **вы пишете книгу, страницу за страницей, а получается какой-то отстой...**

То вы перегружаетесь и начинаете критиковать себя. Между тем, успех приходит от нахождения в потоке, а не от попыток во что бы то ни стало достичь этого состояния, пока что-нибудь не сломается.

Один мудрец сказал: «Нужно медитировать по часу каждый день, если у вас совсем мало дел. Когда их много, нужно медитировать по два часа».

Если вы чувствуете, что застряли или разочарованы — прогуляйтесь, вздремните, закажите обувь в интернете или посмотрите на небо. Речь не о том, чтобы сдаться, а о том, чтобы зарядиться энергией, восстановить связь и вспомнить, что мы живем во Вселенной, полной чудес.

Сядьте в тихом месте и закройте глаза.

Сделайте очень глубокий вдох — так, чтобы ваш живот максимально надулся, задержите дыхание на три секунды и медленно, осознанно выдохните весь воздух. Очистите свой разум от мыслей и соединитесь с клетками, из которых состоит ваша кожа, ваши легкие, все ваше тело. Ощутите энергию ваших мыслей, чувств и убеждений, движущуюся сквозь вас.

Обратите внимание на вибрации всего, что составляет ваши ум, тело и душу, приходящие, взаимодействующие и гудящие внутри вас. Сосредоточьтесь на атомах, из которых состоит одежда, воздух вокруг вас, пол, на котором вы сидите, деревья за окном, вода в облаках над вашей головой, солнце и луна, звезды и галактика — все пространство нашей бескрайней Вселенной.

Посидите немного и почувствуйте, как ваша внутренняя энергия течет сквозь вас, распространяясь на всю Вселенную.

Представьте себе, как вы перемещаете внутри себя один-единственный атом мысли, чувства или возможности. Как он перестраивает энергию внутри вас и энергию во Вселенной. Теперь визуализируйте детали вашей желаемой реальности, воплотите ее всеми своими чувствами и ощутите, как энергия внутри вас выравнивается с вибрацией желаемого видения. Почувствуйте, как новый порядок внутри вас расширяется, перестраивается и воплощает ваше видение в энергетической форме в космическом силовом поле Вселенной.

Подобно тому, как одна капля воды падает в океан и становится частью гигантской массы воды, каждый крошечный сдвиг энергии внутри вас влияет на бесконечное космическое поле и является его составной частью.

Посидите в этом захватывающем энергетическом пространстве желаемой реальности. Держитесь за него, как можно чаще возвращайтесь к нему. И знайте, что по мере того, как вы и Вселенная начнете синхронизироваться в энергетическом плане, это сближение найдет отражение и в физической форме на Земле.

В детстве у меня была мягкая игрушка по имени Скраффи. Я так назвала ее из-за сходства с маленькой белой собакой нашего соседа. Скраффи была не самой дорогой игрушкой в моей обширной коллекции. Скорее наоборот. У нее был жесткий белый мех, а набита она была сеном. Скраффи была плоской, как сбитое на дороге животное. Кто-то, вероятно, выиграл ее на карнавале, попав теннисным мячиком в чашку. Как бы то ни было, она была одной из моих любимчиков, и я всюду брала ее с собой.

Вдобавок к проблемному телосложению, ее шерсть была грязная и спутанная. У Скраффи не было глаза, а в центре живота зияла дыра, откуда постоянно вываливалось сено. Мама даже не пыталась скрыть своего отвращения и несколько раз говорила, что мухобойка из нее выйдет гораздо лучше, чем соседка по кровати. Ей эти слова казались смешными, но мне было не до смеха.

Однажды, пока я ждала, что мама закончит болтать со своими друзьями на парковке супермаркета, от скуки начала изучать каждый сантиметр Скраффи. Ее грязный маленький розовый нос, уцелевший зеленый пластмассовый глаз, длинный хвост, заостренные маленькие ушки… и вдруг я поняла то, о чем раньше даже не задумывалась.

Скраффи не собака, а кошка!

Я знаю, это звучит не так уж трагично, но я все еще помню свой шок и ужас. Как если бы директор моей школы сорвал с себя маску, и оказалось бы, что им все это время был мой отец.

Мною никогда не ставилось под сомнение то, что Скраффи — собака, потому что каждый день видела живого песика, который выглядел в точности как и она. Это означало, что Скраффи должна была быть собакой и никем другим. Я не проводила никаких исследований, а просто приняла то, что предстало передо мной, как истину.

Так происходит с большинством из нас. Когда мы вырастаем и начинаем собирать воедино все наши представления о мире и самом себе — то, глядя на «реальность» вокруг нас думаем: «Хорошо. Вот оно как. Принято к сведению!»

Мы идем по жизни, принимая эти «истины», многие из которых не приносят нам счастья. Когда же просыпаемся от многолетнего сна и изучаем обстановку, то внезапно обнаруживаем неожиданные озарения, дарующие свободу, которые скрываются под нашими старыми грязными, колючими убеждениями.

Выберите то, что относится к вашей цели, с которой у вас возникают проблемы.

Отличный способ понять, что с вами происходит, — послушать, как и что вы говорите о своей задаче.

Например, предположим, что ваша цель — встретить свою любовь.

Что вы думаете о знакомствах, о том, сколько потрясающих людей вокруг вас по-прежнему одиноки, о своих навыках флирта или о парах в целом? Велика вероятность, что, если у вас возникли проблемы с поиском партнера, ваши убеждения о поиске любви не согласуются с тем, чего вы хотите.

Проведите сегодняшний день в разговорах и размышлениях о своей цели. Можете даже взять дневник и записать любые негативные убеждения, которые приходят вам на ум, а затем выясните их природу.

Например, предположим, вы ловите себя на мысли, что «если я и встречу кого-то, то этот человек в конечном итоге изменит мне». Затем можно изучить эту мысль, спросив себя: «Откуда взялось это убеждение? Есть ли на свете мужчины, которые не изменяют?

Возможно ли то, что тот самый потрясающий парень, который не способен изменить, существует?»

Продолжайте препарировать свою мысль, пока она не повернется вспять.

Мы управляем восприятием абсолютно любых вещей на свете. Поэтому в ваших силах перевернуть убеждение с ног на голову, если вы продолжите один за другим счищать слои своей «реальности». Как только раскопаете шаткий фундамент той истины, к которой вы привыкли, — придумайте новое убеждение. Или произнесите что-то вроде: «У меня счастливые и преданные отношения с моим партнером. Я этому так рад, что с трудом могу усидеть на одном месте». Продолжайте повторять эти слова, пока тот самый не появится в вашей жизни.

Пожалуйста, выполните это упражнение как следует. Звучит так просто, но это может распахнуть двери на пути к чему-то невыразимо удивительному.

Обратите внимание на пять вещей, которые вам нравятся в себе, но которые вы никогда раньше не замечали. Поднапрягитесь немного, загляните за пределы того, что вы обычно видите, и вы заметите свою уникальность.

Например, помимо того, что вы отлично выполняете свою работу, имеете блестящее чувство юмора, являетесь верным другом, замечательным родителем и далее по списку, возможно, вы еще и чрезвычайно пунктуальны и обладаете прекрасным гармоническим слухом.

Обратите внимание на то, сколько всего чудесного есть внутри вас, чем вы можете поделиться с миром.

КАК БЫ ВЫ СЕБЯ ВЕЛИ, ЕСЛИ БЫ ЗА ВАМИ НАБЛЮДАЛ ЧЕЛОВЕК,

КОТОРОГО ВЫ УВАЖАЕТЕ
БОЛЬШЕ ВСЕХ НА СВЕТЕ?

Недавно я ходила в необычную пивоварню. Это специализированное заведение, где люди покупают пиво для своих друзей и знакомых. Так что если вы хотите поднять настроение подруге, можете купить бутылочку и наклеить на доску ее имя. В следующий раз, придя в эту пивоварню, она скажет: «Вау, ты только посмотри на это — бесплатное пиво и только для меня!»[1]

Правда, это же так круто?!

Что может выразить любовь лучше, чем что-то «бесплатное»?

Моя знакомая рассказала, что она постоянно покупает людям пиво. У нее несколько офисов рядом с пивоварней.

[1] По аналогии с каффэ соспэзо — кофе, который можно «зарезервировать» (или «подвесить») для другого человека.

Всякий раз, когда ей приходится иметь дело с капризным или неприятным клиентом, она приходит туда и покупает ему «бесплатное» пиво, чтобы почистить энергию и отпустить конфликт.

Как насчет того, чтобы сделать что-то приятное для окружающих? Да, даже для тех, кто до чертиков вас раздражает... В особенности для тех, кто до чертиков вас раздражает!

Сегодня постарайтесь сознательно отдать как можно больше и обратите внимание, как это изменит уровень вашей энергии.

ЕСЛИ БУДЕТЕ ЖДАТЬ

ПОДХОДЯЩЕГО МОМЕНТА,

ТО ЭТО — СОВЕРШЕННО
НЕПРАВИЛЬНАЯ ЖИЗНЬ.

Ваша задача заключается в том, чтобы установить связь со своим сердцем.

Понять, чего вы хотите, и привести свои мысли, чувства, энергию и действия в соответствие с этим желанием. Это ваша обязанность.

Вселенная сама решит, как, когда, где и что именно должно произойти. Оставьте эту работу ей.

Терпение, вера и благодарность. Перемены уже в пути.

СЛОВА БЛАГОДАРНОСТИ

Огромное спасибо всем тем крутейшим людям, которые продолжают появляться, делать свою работу, смотреть в лицо своим страхам и менять мир, меняя для этого себя.

Хочу выразить одинаково гигантскую благодарность моему удивительному агенту Александре Мэшинист за ее ум и поддержку.

Моему гениальному редактору Лоре Тисдел за ее талант и заботу.

А также Джейн Каволина, Сьюзен Джонсон, Мередит Кларк, Габриэлю Левинсону и всем остальным сотрудникам издательства *Viking* и издательской группы *Penguin Random House*, которые надрывали свои задницы, чтобы выпустить эту книгу, работая на варп-скорости[1].

---

[1] Вымышленная скорость, которая в теории превышает скорость света.

Издание для досуга

КНИГИ, КОТОРЫЕ НУЖНО ПРОЧИТАТЬ ДО 35 ЛЕТ

Джен Синсеро

НЕ ТУПИ

Только тот, кто ежедневно работает над собой, живет жизнью мечты

Главный редактор *Р. Фасхутдинов*
Руководитель направления *Л. Романова*
Ответственный редактор *Е. Ланцова*
Художественный редактор *П. Петров*
Младший редактор *Ю. Смирнова*

Страна происхождения: Российская Федерация
Шығарылған елі: Ресей Федерациясы

ООО «Издательство «Эксмо»
123308, Россия, г. Москва, ул. Зорге, д. 1, стр. 1, эт. 20, каб. 2013. Тел.: 8 (495) 411-68-86.
Home page: www.eksmo.ru E-mail: info@eksmo.ru
Өндіруші: «Издательство «Эксмо» ЖШҚ
123308, Ресей, Мәскеу қаласы, Зорге көшесі, 1-үй, 1-құрылыс, 20 қабат, 2013-каб.
Тел.: 8 (495) 411-68-86. Home page: www.eksmo.ru E-mail: info@eksmo.ru.
Тауар белгісі: «Эксмо»

Интернет-магазин : www.book24.ru
Интернет-магазин : www.book24.kz
Интернет-дүкен : www.book24.kz

Импортёр в Республику Казахстан ТОО «РДЦ-Алматы».
Қазақстан Республикасына импорттаушы «РДЦ-Алматы» ЖШС.

Дистрибьютор и представитель по приему претензий на продукцию в Республике Казахстан: ТОО «РДЦ-Алматы»
Дистрибьютор және Қазақстан Республикасында өнімге шағымдар қабылдау жөніндегі өкіл: «РДЦ-Алматы» ЖШС.
Алматы қ., Домбровский көш., 3 «а», литер Б, офис 1.
Тел.: 8 (727) 251-59-90/91/92. E-mail: RDC-Almaty@eksmo.kz

Сведения о подтверждении соответствия издания согласно законодательству РФ о техническом регулировании можно получить на сайте Издательства «Эксмо»: www.eksmo.ru/certification

Техникалық реттеу туралы РФ заңнамасына сай басылымның сәйкестігін растау туралы мәліметтерді мына адрес бойынша алуға болады: http://eksmo.ru/certification/

Произведено в Российской Федерации
Ресей Федерациясында өндірілген

Сертификаттауға жатпайды

Дата изготовления/Подписано в печать 20.03.2024. Формат 70x100 $^{1}/_{16}$.
Печать офсетная. Усл. печ. л. 16,85.
Доп. тираж 10 000 экз. Заказ 1572/24

Отпечатано в Публичном акционерном обществе
«Можайский полиграфический комбинат»
143200, Россия, г. Можайск, ул. Мира, 93.
www.oaompk.ru, тел.: (49638) 20-685

ISBN 978-5-04-110057-5

9 785041 100575 >

16+

Москва. ООО «Торговый Дом «Эксмо»
Адрес: 123308, г. Москва, ул. Зорге, д.1, строение 1.
Телефон: +7 (495) 411-50-74. **E-mail:** reception@eksmo-sale.ru

По вопросам приобретения книг «Эксмо» зарубежными оптовыми покупателями обращаться в отдел зарубежных продаж ТД «Эксмо»
E-mail: **international@eksmo-sale.ru**

International Sales: International wholesale customers should contact Foreign Sales Department of Trading House «Eksmo» for their orders.
international@eksmo-sale.ru

По вопросам заказа книг корпоративным клиентам, в том числе в специальном оформлении, обращаться по тел.: +7 (495) 411-68-59, доб. 2151.
E-mail: **borodkin.da@eksmo.ru**

Оптовая торговля бумажно-беловыми и канцелярскими товарами для школы и офиса «Канц-Эксмо»:
Компания «Канц-Эксмо»: 142702, Московская обл., Ленинский р-н, г. Видное-2, Белокаменное ш., д. 1, а/я 5. Тел./факс: +7 (495) 745-28-87 (многоканальный).
e-mail: **kanc@eksmo-sale.ru**, сайт: www.**kanc-eksmo.ru**

Филиал «Торгового Дома «Эксмо» в Нижнем Новгороде
Адрес: 603094, г. Нижний Новгород, улица Карпинского, д. 29, бизнес-парк «Грин Плаза»
Телефон: +7 (831) 216-15-91 (92, 93, 94). **E-mail**: reception@eksmonn.ru

Филиал ООО «Издательство «Эксмо» в г. Санкт-Петербурге
Адрес: 192029, г. Санкт-Петербург, пр. Обуховской обороны, д. 84, лит. «Е»
Телефон: +7 (812) 365-46-03 / 04. **E-mail**: server@szko.ru

Филиал ООО «Издательство «Эксмо» в г. Екатеринбурге
Адрес: 620024, г. Екатеринбург, ул. Новинская, д. 2щ
Телефон: +7 (343) 272-72-01 (02/03/04/05/06/08)

Филиал ООО «Издательство «Эксмо» в г. Самаре
Адрес: 443052, г. Самара, пр-т Кирова, д. 75/1, лит. «Е»
Телефон: +7 (846) 207-55-50. **E-mail**: RDC-samara@mail.ru

Филиал ООО «Издательство «Эксмо» в г. Ростове-на-Дону
Адрес: 344023, г. Ростов-на-Дону, ул. Страны Советов, 44А
Телефон: +7(863) 303-62-10. **E-mail**: info@rnd.eksmo.ru

Филиал ООО «Издательство «Эксмо» в г. Новосибирске
Адрес: 630015, г. Новосибирск, Комбинатский пер., д. 3
Телефон: +7(383) 289-91-42. E-mail: eksmo-nsk@yandex.ru

Обособленное подразделение в г. Хабаровске
Фактический адрес: 680000, г. Хабаровск, ул. Фрунзе, 22, оф. 703
Почтовый адрес: 680020, г. Хабаровск, А/Я 1006
Телефон: (4212) 910-120, 910-211. **E-mail**: eksmo-khv@mail.ru

Республика Беларусь: ООО «ЭКСМО АСТ Си энд Си»
Центр оптово-розничных продаж Cash&Carry в г. Минске
Адрес: 220014, Республика Беларусь, г. Минск, проспект Жукова, 44, пом. 1-17, ТЦ «Outleto»
Телефон: +375 17 251-40-23; +375 44 581-81-92
Режим работы: с 10.00 до 22.00. **E-mail:** exmoast@yandex.by

Казахстан: «РДЦ Алматы»
Адрес: 050039, г. Алматы, ул. Домбровского, 3А
Телефон: +7 (727) 251-58-12, 251-59-90 (91,92,99). E-mail: RDC-Almaty@eksmo.kz